La Vie intense. Une obsession moderne

Tristan Garcia

トリスタン・ガルシア

栗脇永翔＝訳

激しい生

近代の強迫観念

人文書院

激しい生　目次

凡例

・番号を付した注はすべて訳者によるものである。
・原文で《 》の箇所には「 」を付した。原文でイタリックの箇所には傍点を付した。
・訳文中に原語を挿入する際や訳者による補足を行う際は〔 〕で括った。

激しい生——近代の強迫観念

アニェスのおかげで

イントロダクション

私たちには、絶え間なく、強さ＝激しさ〔intensité〕が約束されています。私たちは生まれ、生を正当化する強い感覚の探求に曝されながら成長します。スポーツのパフォーマンス、ドラッグ、アルコール、賭け事、誘惑、愛、オーガズム、物理的な快楽、ないしは苦痛、芸術作品の鑑賞、ないしは創造、科学的探究、狂信、ないしは熱狂的なアンガジュマン、等々によってもたらされるあの即座の興奮状態は、単調さから、自動性から、同じことをどもることから、実存的平凡さから、私たちを目覚めさせてくれるのです。なぜなら、絶えず、心地よく居座る人間は生の活力が失われることを恐れているのですから。かつてはこの無感覚こそが、無為で満ち足りた至高者の、絶望的なまでに気晴らしを探し求めるものぐさな王たちの、ネロンの、カリギュラの、あるいは「カプアの歓喜」と呼ばれるもののうちでまどろむ征服者たちの強迫観念でした。上位の人間を脅かしていた逆説は、勝利をおさめながら、すべての欲望を満たしながら、すべての目標に達しながら、自身の内で実存的な緊張や神経の力強さが緩むのを感じ、生きるものにその実存の強さ＝激しさを肯定的に評価することを可能にする、あの定義しがたい感覚を失っていたことでした。

西洋の経済的な発展に応じて、個々人が存分に食べられるようになり、自身を保護する住居を所有するようになり、楽しむ時間を見つけるようになるにつれて、征服者の恐れは民主化され、その欲求がますます満足させられることに苛立つようになる近代的な個々人に引き継がれていったのです。こころ穏やかな人間たちには、殴り合いながら、困難な状況下で生き延びる者たちが持つ真に生きるという感覚が欠けているのです。ところで、この神経の覚醒の感覚は、しばしば、それが失われたとき、あるいはまさにそれが失われそうになるとき、正確には量化できないけれど直観によって不可避的に認識される内側の奇妙な力と同一視されます。そしてこの力こそが、実感しているものの内で、ある人間の参与の度合いを決定するのです。ひとはいつも外側から判断することができます。ある人間が必要なものを保持しているか否か、その存在は容易か困難か、ひいては彼は幸福か不幸かといったことを。しかし誰も、ある存在のこころに侵入し、それに代わって、それが弱く実存しているか強く実存しているかを決定することはできません。こうしたことは主体から切り離すことができないのです。すなわち、不可侵の要塞と言うことができるでしょう。私たちに観察者の眼で現れるものがあり、次に親密な尺度が、私たちが自分自身のために抱くものの親密な計量器があるのです。それこそが強さ＝激しさにほかなりません。もちろん、その生理学的な徴候は長らく知られており、ほかのあらゆる哺乳類と同様、私たちの種はこれに注意しています。速まる呼吸、心臓の鼓動、脈拍の急上昇、立毛筋の収縮、身震い、頬の紅潮、瞳孔の拡張、そして増す筋緊張――すなわち、アドレナリンの高まりの瞬間に注意しているのです。それと同時に、あの不思議な「自己における自己の強さ＝激しさの度合い」があり、これは物質的な興奮に還元されるものではありません。これこそが、多かれ少なかれ自分自身であるという感覚なのです。同じ知覚、同じ契機、同じ遭遇は、よく知られている通り、多かれ少なかれ力をもって抱かれるのです。

その強さ＝激しさを生みだすのはある経験の唯一の内容ではないのです。一見取るに足らなくみえる瞬間や何度も繰り返される身振り、ある顔の良く見知った細部は突然にせり出し、私たちに電気の衝撃のような顕現的な印象をもたらすのです。この衝撃こそが私たちをふたたび真の生の強さ＝激しさに曝し、私たちを、理解することさえなく打ち込まれていたルーチーンの湿地帯から救い出すのです。さらにまた、長いあいだ期待されていた契機、幸福なニュース、凄まじい悲劇、ないしは崇高な作品は、そうと知られることなく無関心だった私たちを見出すのです。なぜでしょう？　私たちが経験するものと経験の強さ＝激しさのあいだには正確で不変の関係などないからです。実存しているという感覚の最も高度な瞬間に触れることを可能にする私たちの存在の雷撃は、不確実なものだからです。誕生から死にいたるまで、私たちは期待し、危惧するこの放電の変化に応じて成長します。私たちは、それが不足するときには、この放電を引き起こすことを試みます。そして私たち各人が見出すのは、この放電の振幅と振動数を計る手段にほかならないのです。技術が統計の力を借りて計測し研究することを私たちに約束するのは、こうした強さ＝激しさの変様ではなく、その生理学的な余波なのです。個人にストレスのピークや心臓のリズム、実際の時間での睡眠の質をチェックすることを可能にするスマートウォッチの昨今の商業化は、このように、近代的人間のある種のタイプを促進しているのです。すなわち、存在の数値化された変様を絶えず読解し続ける者、解釈し続ける者としての人間を。私たちは、宙を舞うジェットコースターの荷車のように行き来する私たちの生の強さ＝激しさの進展を管理することが想定されているのです。各人の特徴や関心に応じ、この慌ただしい感覚は再び出現しうるのです。ポーカーの掛金を想定外の「コール」に集めるときに、とりわけ白熱したオンラインゲームに勝ったときに、閑散とした道で最高時速を出すときに、バンジージャンプやスカイダイビングをするときに、断崖の高みから飛び込むときに、登攀《とうはん》で道を切り開くときに、狩りに出かけるときに、お腹が痛くなるほど緊張して舞台に上がるときに、安全の推奨を越えて進むときに、法を破るときに、蜂起に関する興奮した議論のなかで仲間たちと集まるときに、街に出て警官とやり合うときに、サポーター同士の「ファイト」で駐車場に落ち合うときに、そしてまた、ベッドの上に寝転がり、背表紙の紹介文が経験したことのない衝撃を引き起こすことを請け合う中毒的なホラーを読むときに、どんどん「残酷」になっていく映画を視聴するときに、エナジードリンクを飲むときに、コカインのレールを吸引するときに、マスターベーションするときに、ことの成り行きに身を任せるときに、恋に落ちるときに、再び自分の人生の主体になることを実感しようと試み、しかし逆の方向に身を委ね、最終的には自己のコントロールを失うときに。ひょっとしたらこの感覚は、終いには、私たちの生の強さ＝激しさの最初は未発達だけれど、その後に洗練されることになる計測器の一種を、私たち各人のうちで集結させたのかも知れません。そしてその変異が、私たちの利益計算に組み込まれることになります。生きていることを実感するのに十分な強さ＝激しさを、多かれ少なかれ要請に応じて、規則正しく感じられる限りにおいて、私たちは理性的なのです。

非常に長いあいだ、西欧の自由な社会はこのことを理解しており、こうしたタイプの個人を相手にしてきました。私たちがなるように約束されていたのは、すなわち、強い＝激しい人間だったのです。より正確に言えば、実存的な意味が生命に関するあらゆる機能の強化＝激化〔intensification〕であるような人間だったのです。近代の社会が個々人に約束するのは、もはや別の生や彼方の栄光ではなく、ただ私たちがすでにあるところのものだけなのです——より多く、より良い仕方で。私たちは生きる身体であり、快楽や苦痛を感じ、愛し、絶えず感情が私たちを捉え、しかしまた私たちも自分の欲求を満たすことを求め、自らを知り、私たちを取り囲むものを知ることを望み、自由であり、平和に生きることを希望します。つまり、私たちに与えられる最良のものは身体の向上であり、快楽の、愛の、そして感情の強化＝激化であり、それはいつも欲求への応答以上のものであり、私たち自身と世界に関する最良の認識であり、進展であり、増大であり、加速であり、自由以上のもの、最良の平和であるのです。これは近代が約束するすべてのものの定式でさえあるのですが、私たちはもはや、これを信ずる必要があるのか否か、本当にはわからないのです。約束されたものとはすなわち、生産の、消費の、コミュニケーションの、私たちの知覚の、そしてまた私たちの解放の強化＝激化です。私たちは、何世紀か前から、ある種の人間像を具現しています。別の時代や文化においてそうだったように超越の探求ではなく、強化＝激化の探求のために教育された人間を具現しているのです。

私たちは、子供のころから、同じもの以上のものを望み、欲望することを学んでいます。そして逆説的なことに、同時に、私たちは変異や新しさを待ち構えることを学んでもいます。いずれの場合においてもひとは、もはや何であれ絶対的なものや永遠、ないしは完全なものをもはや期待してはいけないことを私たちに教えてくれます。望んで求めることが奨励されるのは、私たちの全存在の最大化なのです。

この定式において、抽象的なものは何もありません。これは最も具体的で、最も些細な私たちの条件でさえあるのです。日々消費する商品が私たちに向ける言葉を聞くだけで十分でしょう。現代の世界においては、ちょっとした強さ＝激しさの約束こそが快楽に関する最小の提案なのです。広告は、感覚のこうした陶酔によって分節された言語以外の何ものでもありません。売られているのは単に私たちの欲求の満足ではなく、増大する知覚と、ある種の感覚的な快楽の計測可能で、同時に計り知れない発展についてのパースペクティヴなのです。チョコレート（「カカオの強さ八六％」）、アルコール（「強いウォッカ」）、ソフトクリーム（「マグナム級」）、風味、芳香、香り、「強」。ひとはこのように経験や契機、性格を判断しています。ますます日常的になる英語風の言い回しによって、傑出した者について、そのひとは「強い＝激しい」〔intense〕と言うことさえあります。強く、唐突に、独創性的に消費したあらゆるものについても、同じように「強い＝激しい」と言うことができます。それゆえ、強さ＝激しさは商業的な世界で支配的な語彙と考えられるかもしれません。しかしそれだけではありません。この語はあらゆる領域で共有されるという意味において驚くべきものなのです。私たちの時代を舞台に激突するイデオロギー上の敵たちは、少なくとも、この理想を共有しています。すなわち、実存的な強さ＝激しさの探求を。自由主義者、快楽主義者、革命主義者、そして原理主義者は、ひょっとしたら、私たちの実存が必要とするこの強さ＝激しさの意味についてのみ対立しているのかも知れません。消費社会と快楽的文化は生の強さ＝激しさを販売しますが、これに反対する最も急進的な者たちも、強さ＝激しさを約束します。これは量化不可能で商品化されることはない強さ＝激しさであり、もはや物質的財産の社会が個々人に付与することが出来ない魂の代補なのです。定期的に商品の世界に反対してきた革命の英雄主義は、身体と精神の利己的な計算に抗し、強い＝激しい「真の生」を擁護してきました。ほかの生の形を奨励することを求めた詩、歌、反抗の声、そして批評的言説は、いつも、資本主義文明、この普遍的計算の文明において、それが欲望可能で共有可能であるために、十分な仕方で強い＝激しい自己の経験をかき立てることが出来ないことを批判してきました。強いですが現金化可能な経験のむなしい約束に対し、別の「バイブレーション」（ヒッピーやラスタのバイブ）あるいは別の詩的な「変化する火」が絶えず対置されてきました。実存的な強さ＝激しさに乏しい西洋人の普通の生活に対する批判は一般的なものです。ランボーからシュルレアリスムまで、ソローからヒッピー運動まで、イヴァン・イリイチから『来たるべき蜂起』(1)まで。定期的にひとは、アモックであれテロリズムであれ暴力的で「常軌を逸した」振舞いの出現を、消費主義社会における魂の不思議な欠如によって説明します。こうした社会は、その若さに対し、十分に刺激的な生の強さ＝激しさをもたらすことが出来ないのです。ひとは、ジハードを行い始めた若者たちが陰鬱で起伏がない社会に背を向けたと想像します。この社会はもはや、彼らに与えるべき実存的な芳香をほとんど有していなかったのです。このように、強さ＝激しさの理想は自由な世界の理想であるだけではなく、その敵たちの理想でもあるのです。実存の上位の価値としての強さ＝激しさは、まだ、私たちのあいだで最もよく分有されたものなのです。これこそが私たちの条件です。これこそが、ひょっとしたら、モデルニテから引き継いだ人間の条件なのです。こうした共同の状況がひとたび提示されるや否や、モデルニテに由来する自由な社会に賛同する者たちと、これに反対する者たちは、何が強く＝激しくあるべきかについての議論を始めるのです。すなわち、私の欲求の満足と、ある観念への無条件の参与のどちらが強い＝激しいかについて。

しかし、両方の場合において、それらが私たち全員に約束する生の内部にあるあの奇妙な強さ＝激しさは何なのでしょうか？　それは、それが誰でもいい誰かの生ではありえないという実感です。束の間のものであれ、私がまさに自分が生きているものの主体であるという確信なのです。いずれにせよ、私にしか関わらないよくわからないものによってそのことが保証されていないとすれば、別の誰かが全く同じように私の生を送ることができることになり、私もまた別の誰かの生を送ることができることになります。万人が置換可能なのです。外側からみれば、それぞれの実存は似てくるかもしれません。しかし、私だけが測ることができるある力のこうした内的な確実さがそれらを区別するのです。真の生の実

（1）不可視委員会『来たるべき蜂起』、『来たるべき蜂起』翻訳委員会訳、彩流社、二〇一〇年。

感に関する説教や訓《おし》えによって、ひとが私に明らかにすることを望むのは、私にしか属さないこうした確実さなのです。

私の感覚の強さ＝激しさとは何なのでしょうか？　それは他者に理解してもらうことはできないけれど、こうした理由のために、私の感覚が、少なくとも、私に属していることを保証してくれるものなのです。強さ＝激しさの還元不可能なこうした特徴こそがその重要性のすべてであり、同時に神秘的であり明証的でもあるアウラを発するのです。強さ＝激しさによって、計測できないものの尺度が、量化できないものの質量が、価値評価できないものの価値が理解されるのです。ある大きさを主体に帰すものにすることによって、強さ＝激しさは計算に抵抗します。モデルニテが知識・生産・交換の合理化を、現実的なものの数学化を、市場で交換されるあらゆるものの均衡な地平の設立を意味するのに対し、強さ＝激しさは、その埋め合わせのようなものとして、こうした合理化に抵抗するものという至上の倫理的価値を意味することになるのです。厳密には、強さ＝激しさは非合理的なものではありませんが、空間や数、質量における客観性、同一化、分割といった合理性の形象には還元されないものなのです。強さ＝激しさは少しずつ、主体性の、差異の、連続するものの、非加算の、そして純粋な性質の物神〔fétiche〕になっていきました。美学的、道徳的、あるいは政治的な領域において、強さ＝激しさはまず、抵抗の価値と、特異にみえるあらゆるものの表現として役に立ってきました。強さ＝激しさは陶酔や強烈な体験の感覚の唯一の特徴を意味してきたのです。こうした感覚は、計算的で、分類的で、規範的な合理性による世界の存在の切り分けや、挽割と対置されるものです。そしてそれから、強さ＝激しさはそれ自体ひとつの規範になりました。別のものとの関係においてではなく、それ自身との関係において、万物の比較の規範になったのです。日常的な存在におけるあらゆる種類の強さ＝激しさを計測することによって、私たちは、万物が示す自分自身の質量だけを評価するよう努めるのです。これこそが強さ＝激しさという実存的価値を備えた人間性の原理なのです。以後、私たちは何を最も美しいと思うでしょう？　その存在を強く＝激しく実現するものを。私たちは、皆、この強さ＝激しさの言語を語るのです。私たちは、その物理的な特徴を、その性格の特徴を保証し、別様になろうとするのではなく、最大限に「実現される」ことを試みる人間を美しいと判断するのです。

価値に関する過去二、三世紀の歴史の継承を受け入れた者たちにとって、これこそが最も深淵な理想でした。内容なき理想、純粋に形式的な理想。強く＝激しく自分がそうであるところのものであること〔*Être intensément ce que l'on est*〕。

こうして「美的な強さ＝激しさ」は、ゆっくりと、美の古典的なカノンを侵食していきました。今日それを懐かしむ者たちによって幻想化された大部分において、このカノンは表象とすでに存在する理想との対応を前提としていました。この理想は、対称や調和、装飾の法則によって規定されていました。近代人の眼には、これらすべての法則がイメージや音楽、テクストの自律に加えられた不当な暴力に映りました。もはや、それがあるべきものの観念＝イデアに正しく対応しているかに応じて芸術作品の価値が判断されることはなくなったのです。ひとはむしろ、ある作品が鑑賞者に前代未聞の、落雷的な経験を作り出すことを望むようになったのです。ハプニングやウィーンの行動主義、リビング・シアターを考えてみましょう。大部分の領域において、事物の現前の衝撃によって表象を乗り越えることが目的とされました。鑑賞者は表象を愉しむ以上に、この場合、彼の前に姿を見せるものの現前のコントロール不可能な過剰を感じる身震いに貫かれることを求めるようになりました。それと同時に、鑑賞者は彼自身、少し多く、少し良く、現前することを感じるようになったのです。ここといまの失われた意味を、再び見出すことに身震いするのです。そして、ある作品はその固有の原理という尺度で評価されるべきものであるという考えが少しずつ認められるようになったのです。近代の美学は、可能な限り作品や状況を、外部から課された因習ではなく、その内的な規則に関係づけてきました。こうした観点からすると、いかなるものも、完全には、何であれ他のものと比較可能ではないことになります。顔、風景、身体の運動は、顔や風景や運動に関し前もって定義された類型との関係で測られることはありません。あるいは、ひとが「新古典主義的」なり「反動的」と形容するような精神に照らして測られることもないのです。このような精神は、いまだに、美の規則なり法則を探し求めているのですから。たしかに、あれこれの文化的規範に照らせば存在は醜かったり、優雅であったり、不調和であったり、偽物であったりします。しかし、随分昔から、こうした規範が変わることも知られています。これらは永遠のものではないのです。それは形成され、失効し、消滅します。ここで美しいと判断されたものはあちらでは美しくありません。いま美しいものは、ひょっとしたら、昨日は醜いと考えられていたかも知れず、明日にはまたそう考えられるようになるかもしれません。西洋は、ロマン主義とともに、俗的なものを美しいものと一緒に愛でることを学び、あるいは学び直しました。奇形は優雅に、グロテスクは崇高に反転し得るのです。その内容に関わる芸術作品の価値について、絶対的な基準などないのです。恐怖からさえ、芸術家は壮麗さを引き出すのです。アンニュイからこそ、逆説的な歓喜や幸福感の一種を生じさせうるのです。そして偽物や嘘から、一種の真理を生み出すのです。

　では、いかにして判断するのでしょうか？　物事が強いかどうかを決定することだけが唯一重要なことなのです。そしてまた、それが強力に弱いのであれば、弱さも愛され、賞賛され、褒めたたえられるのです。凡庸さも、ある作品によって凡庸な仕方で付与されるのでなければ正当性を見出すでしょう。

それゆえ、近代の美的感覚には客観的な基準などもはやなく、単に仕方に関する基準があるだけなのです。物事は何でもいい、それが強さ＝激しさをもってそれであるのであれば。

こうした強さ＝激しさは、ある物事とそれ自体との自動的な比較の原理以外の何ものでもありません。多かれ少なかれ力強く、それがそうであるところのものであるものが強い＝激しいのです。ひどく醜悪であれ、ぞっとするようなものであれ、扇情的であれ、要求の多いものであれ、刺激的なものであれ、メランコリックなものであれ、意気消沈させるものであれ、大胆なものであれ、こころをとらえるものであれ、嫌悪感を与えるものであれ、犯罪的なものであれ、悪夢のようなものであれ……。アプリオリに禁じられているものは何ひとつないのです。考えられている物事が何であるかは重要ではありません。それが可能な限り多く、そして良く、それであるのであれば。

こうしたシンプルな考え方は、少しずつ、私たちの全意識を導いていきました。美的な意味においてだけではなく、倫理的な意味においても。ここで取り組む探究を通して、私たちは以下のことを読者に理解してもらいたいと思います。この強さ＝激しさという価値が私たちの人間性のエートスになった、ということを。私たちができることとしなければならないことに関する概念化の本質を統治し、方向づけるのは、まさしくこの価値なのです。ある生は何に値するのでしょうか？　実存を道徳モデルで判断することは、多くの人々にとって、とりわけ十八世紀以来、順応主義的で権威主義的なものになりました。個人の解放は、倫理は、固有の法廷で各人によって作られるものであるという近代的な直観に到達しました。ある実存を別のそれと比較しながら訴追することはありませんし、ある生の形に対し、課されたモデルであるような別の形式と似せることを課すようなこともありません。しかしながらそれでも、ひとは人間の生の倫理的な価値を判断しているのです。ひとは絶えず、その固有の生を評価しようとするのです。しかし、ただひとつの法則が近代的な自己による自己の訴訟を統括しています。すなわち、なされたことがなされたのは熱烈なこころによってである、という法則です。もちろん、道徳的な価値（尊さ、忠実さ、尊敬……）は残り続け、それに照らして各人は――その因習に沿って――ある人間の諸行為や全き実存を良いものであるとか悪いものであるとか考えています。しかし、この外部の道徳に対し、一種の内部の倫理が補完され、これが諸存在のこころに入り込み、それ自体の、そしてそれ自身にとっての、生の価値に関わることになるのです。この生は美しいか、良いか、分別があるか、異常か？　この生は幸福か？　この生は犯罪者のそれか、聖人のそれか、陰気な下種野郎のそれか、下劣な存在のそれか、普通の人間のそれか……？　そんなことは重要ではありません。唯一の原理は次のものであるように思われます。この人間の動機や活動がどのようなものであれ、結局、この人間が「徹底的に」生きたかどうかを自問する必要があるのです。この散文的な表現は、以後、私たちに期待されることになるものを正確に表現しています。あらゆる物事において、唯一の本当の罪は強さ＝激しさを欠いていることでした。ひとは凡庸に華々しくあったかもしれません。しかし、華々しく凡庸である方がよかったのです。

　小説や映画、歌はこの二世紀来、ほとんど同じことを語っています。「生きよ！　何を生きようとも。」「愛せ！　何を愛そうとも。」しかしとりわけ、「できる限り多く生き、愛せ！」――なぜならつまるところ、この生の強さ＝激しさ以外の何ものも重要ではないでしょうから。

　ところで、私たちに明らかに思われることは、私たちが、しかし、別のタイプの人間像とは違うことを語っているということです。すなわち、実存の至上の価値として至高の状態（死後の生、輪廻、栄光、永遠性）による超克を認め、あるいは生の変わりやすい強さ＝激しさの消滅のなかでの和らぎ（霊感、涅槃、精神の平静）を認めるような人間像とは別のことを語っているのです。私たちは、実存の最高の意味としての絶対性や超越の観想や期待からは逸脱したタイプの人間性に属し、支配的な倫理が、生の原理としての存在の絶えざる膨張に存するようなひとつの文明を採用していたように思われるのです。

ひょっとしたら、私たちはもはや強い＝激しいものが、それゆえ増加するものが、減少し、変異することを実感することができないのかもしれません。ひょっとしたら、それが私たちを定義していることさえも実感することができないかもしれません。

私たちの民主的で文化的な生は、確実に、こうした変異するエネルギーの集団的な尺度なのです。近代の批判精神が、見たことがあるものや恒例のもの、ルーチーン的なものから離れ、諸観念の流行や生に沿い、雑誌の評論家たちやブログやＳＮＳのアドバイスを聞いて追及する新しさに次ぐ新しさ、前代未聞のもの……。髪のカットや色、流行りのアクセサリー、衣服のサイズや形、色遣い、料理法、アルコール、リキュール、カクテル、小説、テレビドラマ、そして歌、笑いのツボ、スポーツのパフォーマンス、大物カップル、政治の概念、自動車のモデルなどは、興奮と退屈、新しさに熱狂する人間の雷撃と飽き飽きした個人のフラットな脳波の往還に曝されることになります。これらの傾向、イデオロギー的で美的なこれらの大群は各人の精神の中で終わりなき正弦曲線を描き、いくつかの新聞がこれを文字通り高いものと低いもの、傑作と駄作、流行りと廃り、現代の文化に関する強さ＝激しさの高低によって描きだすことになるでしょう。現代の文化は、もはや作品や考え方に関する内的な価値について教条主義的な判断をすることができないことを学んだのであり、そうではなく、現れるものすべての相対的な力によって、「すでにあったもの」と「新しい波」〔＝ヌーヴェル・バーグ〕のダイアグラム化によって、退屈なものと興奮させるものに沿う上昇ないしは下降する傾向によって、判断することを学んだのです。近代の文化はこうした変異する強さ＝激しさに基づきインデクス化されているのです。これは社会的な電気の正弦曲線であり、諸個人の集団的な興奮の度合いに関するおおよその尺度なのです。

興奮の原因ももちろん重要ですが、一番重要なのは興奮それ自体なのです。この興奮の実感だけがある生を端から端まで捉えることを可能にし、つらさやルサンチマンからそれを救ってくれるのです。もはや興奮出来ない者は死んでいるとみなされます。更新されることがない古い興奮の内容のなかで止まってしまったのである、と。そのような者に対しひとは同情します。

ですので、近代の生が肯定的な内容を認めたことは概ね受け入れることにしましょう。すなわち信仰の内容を、アンガジュマンの内容を、価値を、観念を、陣営を、ないしは立ち位置を。君は何を信じているの？ 君は何を欲望するの？ 何を正しいと判断するの？ 道徳的な基準は沢山あります。それぞれの主題について、政治的な論争があります。しかし自由な社会においては、ほとんど万人が同意していたようにみえる、あらゆる規範の中の規範が課されていたのです。それはとても単純で、同時に、捉えることがとてもデリケートで難しいものなのです。これは上位の倫理的価値であり、文化的な正弦曲線や個人のアドレナリンの変異によって、そして欲望の、快楽の、苦痛の、信条の、真理の、様式の膨張によって具現化されているのです。そしてこれは「強さ＝激しさ」というこの単純な語が同時に私たちのこころと精神のなかで描くある絶え間のない流れであり、これこそが私たちの実存を方向づけているのです。

強さ＝激しさは、私たちが、同時に親密な生と時代が相当するものを測るメートル原器なのです。これで十分なのでしょうか？ それは上がるのでしょうか、下がるのでしょうか？ 強さ＝激しさのこうした特徴は局地的な流れやサイクルをしか特徴づけませんが、しかしまた、社会の一般的な進化を見積もることにも役立つのです。こうして、強さ＝激しさという語彙に関するふたつの用語が、十八世紀以来、西洋の政治経済における統制的な原理として使われてきたことを指摘することができます。すなわち、成長と進歩というふたつの用語が。歴史的な進歩はいくつかの政治的価値の強化のための闘争によって説明されていました。すなわち、自由と平等という価値です。ひとは、人間たちのあいだにあるあれこれの観念の強化＝激化に沿って人間の一般的な進歩を見積もっていたのです。経済成長は、まず、商業的な利益とサービスの肯定的な変化を意味していました。ケネーの偉大な「経済表」から国民総生産まで、国内総生産から国民総所得まで、人間開発指数からジニ係数まで、さまざまな指標のおかげで。急成長と危機を行き来する成長と進歩には終わりがないように、可能な完成などないように思われました。あれもこれも、人間を楽園や神の国、さらにはその彼方に導いてくれることなどなかったのです。それらはただ増大を、合理的な発展を、現世の世界の不断の改善の希望を指していただけでした。私たちは変わるよう、進歩するよう、際限なく増大するよう振舞いました。私たちにとって、この理想は最も正しいものにみえたのです。それは私たちに唯一受け入れ可能なものにみえさえしたのです。それは私たちの人間性を空の上のイメージないしは観念に関係づけることを前提しておらず、ただ、人間性をそれ自体にはめ合わせ、人間性の内で、より多く、より良く人間的であったものを強化＝激化することを前提としていたのです。つまり近代の人間は、この言外の準則の影響下で振舞っていたのです。あなたの人間性とほかのひとの人間性に向っていつも人間性をより多く、より良く人間的なものにする仕方で振舞いなさい。人間性を強化＝激化させなさい。それを進歩させ、あなたの中で、ほかのすべての人々の中で、増大させなさい、と。

ところで、近代の精神に馴染んだこうした考えは、私たちがそれを切り離して考える外側から見つめてみると、すぐに、興味をそそるものになります。古代の教養人、中世の精神、漢王朝で生きた人間、ベーダ文明のブラフマン、彼らは私たちがそうするように、（美学的、道徳的、政治的なものに関わる）彼らのあらゆる価値をこの強化＝激化に従わせていたでしょうか？　私たちが望むことができる最良のものは、私たちが最も美、最も真と思うものは、私たちが信じるものは、すでにあるものの強化＝激化なのです。世界の激化＝強化、私たちの生の強化＝激化。これこそが近代の偉大なる考えなのです。確実なことは、この強さ＝激しさの考えには、私たちがこれを遠くから観察するとき、救済も英知もないということです。これは別の生や別の世界を約束するものではないのです。これはまた、数々の人間文化に存在する自己の均衡や小康、水平化のパースペクティヴでもありません。これらは情熱やその不断の変異の内的な消滅に関わるものなのです。現代の世界の中で万物が私たちに約束する強さ＝激しさは、私たちの全快楽の中で、全苦しみの中で、小さな声で囁く倫理的なプログラムなのです。「私は君に同じもの以上のものを約束しよう。私は君に生以上のものを約束しよう。」

この著作はそれゆえ、私たちの魂が閉じ込められていた条件を、外側から、私たちに示すことになります。救済ないしは英知のパースペクティヴは、私たちの全存在の鼓舞ないしは進歩によって置き換えられ、帯電にいたりました。私たちはこの激しさを数世紀来の私たちの諸価値の乗り越えがたい地平として、私たちの判断の隠れた原理として、私たちの隠れた途方もないアプリオリとして思い描くことになるでしょう。

ひょっとしたらこの条件は、この私たちの観念のすべての直接の形式は、すでに時代遅れなものかもしれません。私たちが外側から思い浮かべることができるという単純な事実は、私たちがそこから半分は外に出ているという徴候ではないでしょうか？　少なくとも、いかにして私たちがそこにかつて入り込んだかを理解する必要があるでしょう。

1　イメージ——電気が思考に対し行ったこと

ライプチヒの接吻

こうした興奮はどこから私たちにやってきたのでしょうか？

一世紀近くのあいだ、磁気学を説明する数多くの試論が書かれましたし、一六〇〇年頃に電気(elektron は古典ギリシア語で「琥珀」を意味します）という単語が国語に導入されてからは、学者たちのあいだで、この奇妙な自然現象への興味の増加が止まることはありませんでした。ホークスビーの機械が作られ、磨かれたガラス玉と樹脂の棒で実験が行われました。

そして一七四〇年代には、ヨーロッパで、とりわけドイツ語圏のサロンでこの現象が大衆的な感嘆のネタになります。ホークスビーの実験とデュファイの書物に魅了されたライプチヒの若い詩人・物理学者ゲオルク・マチアス・ボーゼが一連の技術的快挙を考案します。彼の快挙は、物体から即座に出現する新たな火のスペクタクルを賞賛するために押し合う恭しき淑女たちや紳士たち、大衆を驚かせることになります。これが「電流」と呼ばれるものです。この装置は何からできているのでしょうか？　ボーゼは客人たちにその机を体験させます。彼は前もってすべての家具と自身の椅子を遠ざけておきます。そしてこの魔法使いの弟子は、器具皿の下で、細い銅製のコードにそっと触れます。このコードは隠された発電機につなげられており、彼の助手がこの発電機を作動させます。そして彼は平手で机を叩きます。電流が流れ、招待客たちが礼儀正しく机の上に置いていた腕を伝います。パニックで歓喜し、驚き、そして気難しい様子で全員が顔を見合わせます。髪の毛のなかで、続けざまに沢山の火花がひしめいているのです。「これは素晴らしい！」と誰かが叫びます。数か月後、ボーゼは機械的に天上の幸福を享受させる機械を発明します。「聖人」が遠ざけられた椅子に座らされており、頭の上には小さな金属製のとんがった帽子が、安物の冠の下にかぶせられています。電流は吊るされたコードで、冠よりは一センチほど高く据えられた金属製の小皿まで流れます。これがぱちぱちと火花を生じさせます。こうして科学の力で聖化され、驚きで固まった人間の頭の上に後光が描き出されるのです。

とりわけボーゼは「ライプチヒの電気キッス」と呼ばれる遊具を夢想し、これについて、その詩『電気のヴィーナス』のなかで抒情的な描写を与えています。あらかじめ電流からは遠ざけられた若くて美しい女性がボーゼの初歩的な発電機と連結されており、その口唇には伝道物質が塗られています。名誉ある助手が立ち上がり、女性に接吻するよう促されます。二十代の男が、その震える口唇をヴィーナスのそれに近づけます。するとそのとき、暴力的な放電が彼を襲うのです。石化した聴衆は、この若いふたりの口唇のあいだで光が煌めくのをみます。男は文字通り雷に打たれた者として、一瞬、狼狽状態に陥ります。女性から発散された火の力、電気の力によって彼は息を飲むのです。「痛みが近くからやってきて、口唇が私を震え上がらせる。口がねじ曲がり、歯が砕けるようだ！」

ボーゼは数学教師ハウゼンや彼らの若き同僚で東洋言語を専攻するヴィンクラーとともにその大胆な

実験によってライプチヒの街を燃え立たせました。物理学と香具師的口上の境界線上で。この時期、電気という妖精はまだ科学の魔術的な娯楽であり、理性の非合理的な約束でしかありませんでした。娯楽はじきに理論によって置き換えられるでしょう。さしあたっては、このエーテルに火をともす微細な流体の魅力がヨーロッパ精神を活気づけ、人間の欲望の新たなイメージを描くことになるのです。「ご婦人、あなたはいま火で満たされているのです。最も純粋な種類の火で。胸の内に秘めている限りはこの火があなたに苦悩を引き起こすことはないでしょう。しかし、他の人々のそれと交渉させるや否や、あなたを苦しめることになるでしょう。」若い女性の欲望への溺れやすさは内側の、潜在的な、ひょっとしたら罪深くもあるこの火と同一視されます。この火は求婚者との接触においてのみ、彼女に接吻しようとする男との接触においてのみ、姿をみせるのです。官能的な欲望は電気の強さのようであり、逆に、電気はあらゆる物質の自然的リビドーのようなのです。それは姿をみせるために、その求婚者――男――だけを待っているのです。欲望のイメージとしての電気は危険なしには存在せず、新たな強さ＝激しさの震えを駆け巡らせます。これは「実体がつかみにくい流体」の強さ＝激しさだったのです。この流体について、ひとはまだその性質も活用法も知りません。静電気の強さのこうした最初の説明のために、人間の身体は重要な伝導体の役割を果たします。それゆえ、何かが通過するのです。身体を通過する電気的な震えのような何かが。そしてこれが反発し合ったり、ないしは引き付け合ったり、温めるべきものであったり、火花を引き起こすものであったり、エネルギーと光と結びついた放電を引き起こすものであったりする何らかの対象の神秘的な力を表明するのです。人間の身体は、じきに、金属と置き換えられます。肉体や筋肉、神経は神秘的な感応力から遠ざけられるのです。この感応力は事物のうちに位置づけなおされ、最初の静電発電機、ライデン瓶、バッテリー付シリンダー、大量の瓶の層が作られることになるでしょう。

しかし電気は人間の中を通過してしまったのです。ある種の陶酔は残り続け、近代精神はこれを育むことになります。社会の静脈の中の血のように、電気の光は光学のなかで広がり、スクリーンまで、シネマトグラフの途方もない映像を運んでしまうことになるのです。それはイメージを無数の光の断片に分割し、離れた場所にも伝達可能な短いインパルスに再構築し暗号化し、テレビの放送を盛り上げました。すべての情報、すなわちイメージ、テクスト、音を備給し電子工学にも貢献しました。大都市の街灯に、夜遅くまで読書を続ける子供たちの枕元のランプに、火を灯しました。増大と進歩の疲れなきモーターに給電しました。ダムの、発電機の、発電所の、そして風車の構築を要請しました。万物を、あるいはほとんど万物を運動させせました。その結果、人間は理解さえしないうちに、実体同士（ケーブル、電話、ラジオ、ペースメーカー……）の生きる媒介となったのです。人間はこうした電気の性質を少しずつ忘れていきましたが、着想がその内を駆け巡ることをやめることはなかったのです。欲望と電気の近代的な同盟に調印したライプチヒの接吻が止まることがなかったように。

電気の啓蒙＝光の約束

それゆえ、モデルニテについての数多くあるあり得る定義のなかで、最もシンプルで最も具体的なものと判断されるであろう以下のものを記憶に留めることにしましょう。すなわち、モデルニテとは電流の飼いならしである、と。十八世紀における前例なき探求のムーヴメントの出現は、同時に高尚で客引き的な実験の出現は、この新しいエネルギーの可能な活用の突飛だけれど情熱的な演出の出現は、電気の内に、理性の魔術的な誓いとしてのモデルニテの中心的形象を見出しました。というのも電気は、産業化の控えめな女中である前に、電子工学と情報技術のそれになる前に、まずは、好奇心で一杯のヨーロッパにおいては大いなる希望として現れ、群衆を恍惚とさせたのでした。電気はすべてを変換することができただけではなく、新エネルギーを手掛かりに自然について、人間について、すべてを理解することを可能にしたのです。このことはアンドレ・ギレルムが、ダニエル・ロッシュの研究を参照しながらうまくまとめています。「電気は十八世紀の最後の三分の一において、大衆科学である以上に、新しい物理的・医学的科学である以上に、啓蒙主義の社会科学であった。同時に機械的で、化学的で、軍事的で、生物学的で、心理的で、薬理的で、哲学的で、気象的で、経済学的で——ガルヴァーニは神経の内に、動物経済学のモーターを発見することに野心を燃やしたではないか?——さらには鉱物学で、農学的であった電気は、知のあらゆる領域を横断し、公共空間に電流を流したのである。電気は人間の新たなイメージを提供し、その後、西洋社会を動揺させることになる「あれらすべてのムーヴメントの感覚的な啓示者」の役割を果たすのである。[1]」

フランスの革命家バルバルーは、この新たな「啓示者」にいくつかの仰々しい韻文を捧げています。「ああ微細な火にして世界の魂、慈悲深い電気よ/お前は大気を、地を、波動を、空を、その広大さを満たすのだ。」一世紀後、デュフィはその絵画作品「電気の精」で電気の信じがたい発見を賞賛し、そこにモデルニテのモーターとなるエネルギーをみる精神の生き生きとした色調と、純朴な強調をふた

(1) André Guillerme, « L'électricité dans ses premiers grandeurs (1760-1820) », *Revue d'histoire des sciences*, 54-1, 2001, p. 5-9.

たび見出すことになるのです。このエネルギーは大洪水以前からの雑役（床掃除、洗い物、暖房、料理……）から人間を解放し、視覚ないしは聴覚を波及させ、磨きをかけることを可能にし、人体の自然なエネルギーを置き換え、強調することを可能にするのだ、と。数世紀のあいだ、現代というものが進歩への信頼と人間性の最終的な解放の期待、技術の信仰、そして一握りの検証可能な諸原理から出発して人間と世界の全体性を知るというプロジェクト、を結びつける熱狂の集合的運動の表現であったとすれば、電気への魅惑は、確実に、この熱狂の最初のモーターだったのです。電気は理論と実践を和解させます。同時に働きかけ、説明するのです。一七八六年に日付を持つある試論のなかで、トレサン伯爵は電流のなかに「普遍動因」と呼ぶものをみており、その四年後には、ルシェ＝ドゥラットが生の原理の水準で発展させています。動物電流は形而上学者らの魂の科学によって観察可能な類似物ですが、同量の電気と動物ガスからなっています。この流体は生の力を、それゆえ、リビドーを決定します。モランシ夫人の小説『イリリンヌ』の登場人物のひとりは欲望の「電気手」に抗うことができません。触れることのできないエロチックなエネルギーは、こうして、ひとつの物理的形式を見つけます。リーニュ公やメーストル伯爵はまた、帯電によって軍律や戦争に関する対抗意識を説明しています。シェニエは「演劇的電気」によって劇場の熱気を理解します。サドにいたっては道徳の用語を再定義するために電気の語彙を用いるのです。十八世紀の終わりにはスネトラーゲの新語辞典が、観察可能な身体についてしか用いられなかった「電気の」という形容詞を魂それ自体の運動や揺れにも一般化し、イラストの代わりに次の文句を提供しています。「自由の戦士のすべてのこころを燃やす電気の火。」

『啓蒙主義の転換期におけるエネルギーの観念』（一九八八）のミシェル・ドロンが示したように、電気という現象への注目は、文字通り、照明説の方法で enlightenment〔啓蒙〕の再考を可能にします。

近代ヨーロッパは、ライプチヒでの「電気のヴィーナス」の実験の観客のように、霊感の衝撃、欲望、途方もない約束によって震撼させられたのです。街路、家、工場、そしてまたこころや意識までもが雷雨のエネルギーの力で燃え上がらせられることになるでしょう。これを雷の主、ジュピターに定められたものと考えられたのですが。こうして人間は二度、神から火を奪うことになります。電流こそが二度目の火だったのです。

琥珀と雷雨と私たちの神経のなかの同じ短い流体

物質文明が電気に負っているものはよく知られていますが、電気が思考に対し、そして人間の道徳に対し行ったことはさほど問われることがありません。

ひょっとしたら、最も重要な効果が最も明瞭というわけではないのかもしれません。それは私たちの知によって分断されていたもののあり得る再統合の垣間見られたイメージです。同じように電流によって横断された物質、生、そして思考は、改めて、絶対的に分離した状態や界の継起としてではなく、ある連続体の諸瞬間と考えることができるようになります。長きにわたり、無機的な自然は電気で満たされていることが知られており、琥珀や閃光はその目に見える徴候でした。しかし、感覚能力を備えた全身体が神経的であり、感覚や苦しみ、快楽の情報はある有機的な組織体のなかで琥珀がこすれるとき、雷雨が光るとき、あの同じ微細な流体――すなわち電気――によって伝達されていることが理解されたのです。ラ・カーズの研究から結論を引き出しながら、『百科全書』の項目「発生」は、男性の精液と女性の子宮の中で作られる隠された「電気物質」の仮設について論じています。マラーは電気についての物理学研究において、こうした電気エネルギーが自然の「一般的動因」であると考えています。こうした力こそが自然を駆け巡り、動かし、振動し、苦しみ、感じるすべてのものの内で放出されているのです。

それゆえ、生きることは電気的であることでした。

一七八〇年代以降、ベルトロンが「動物電気」と「人間電気」の考えに言及していますが、動物組織の筋肉と神経の動きの原因の電気的な性質に関する革命的な仮説を知的な意味で全ヨーロッパに広めたのは、イタリアの学者ガルヴァーニの一七九一年に編纂された小論『筋肉の動きに関する電気の力に関する注釈』です。「生理学的な過敏性」を研究したハラーやその弟子たちによって提唱された動物精神に一般的に認められる仮説に依拠するのではなく、カエルやモルモットを使うことにより、ガルヴァーニは新しい電気を古い動物精神と対置させています。

力としての電気という考えは長いあいだ分析に耐えうるものではないでしょう。しかし、ガルヴァーニの考えに転向したヴォルタは、カエルは単にライデン瓶の一種ではないのではないか、動物の蓄電器や筋肉的・神経的細胞によって人工的に作られた電気を加えたり減らしたりできるだろうか、と自問します。こうした研究は、じきに、彼をガルヴァーニに抗して金属の電気モーターとしての力能を擁護することへと導きます。この電池の発明は新しいエネルギー源に道を開くものであり――これは金属の接触によって偶然的に作られた化学エネルギーでした――ヴォルタ派の人々に確固たる信頼を与えることになります。この着想において、電気は確かに生物と交渉はするけれど、感覚する有機的組織体の原理ではない無機的な世界の現象なのです。電気は生の本質ではなく、有機物と無機物に分有されるエネルギーなのです。これはまさに、今日私たちが考えていることと同じことです。生の力が問題になるわけでは絶対にありません。しかしながら、秘教的な動物磁気説の弱さを補完するガルヴァーニ主義はある幻想的な着想をヨーロッパ精神に据えました。これは生物学的電気という着想です。誰が知っていたでしょう？　こうして、物質と生のあいだに新しい調和が期待されることになったのです。

動物電気、ないしは動物磁気、すなわち感覚を備えた有機体の神経を脳にいたるまで駆け巡る電気の性質の発見は、生と思考のなかの強さ＝激しさに関するトロイの木馬として役立つことになるでしょう。感覚されるものであるという限りにおいて生は神経的であり、神経的である限りにおいて電気的なのです。思考について言えば、脳に関わるものなので神経的であり、それゆえまた、まさしく電気的なのです。じきにひとは人間の頭蓋骨の表面における電位差を計測することになるでしょう。これが最初に脳波を介し、脳の活動の表象へのアクセスを可能にするのです。

電気の魅惑的な発見は技術や生産・再生産様式の近代的な発展を条件づけただけではありませんでした。それは感性的な生と共有するその性質の一部を、非感性的な物質と共有する感性的な生の一部を明らかにすることで、最も抽象的な思考を変容させたのです。「電気」はこうした自然な流れの名前であり――これは現実であると同時にファンタスムでもありました――、流体の流れないしは自然の火によって、同時に、電気磁気学と感性的な生、そして精神の具体的な機能を説明したのです。

電流を測ることによって

電流はまず、人間の知覚には部分的に隠された人知の及ばない流れという形で想像力に現れました。生き生きとした、触れることのできない、眼に見えない一種の川のようなもので、物質と生の中心をひっそりと流れています。その潜在的な性質や力、激昂の力が明らかにされるのは、実験装置によって、私たちが自らの利になるようにそれを流用することが出来たときだけなのです。原始人が水の動きを活用することを学んだのとまったく同じように。

長きにわたり、流れる水は生成に関する優れたイメージとして役立ってきました。万物は川のように、手ではせき止めることができない絶えざる流れのように、流れていました。ヘラクレイトスの大河がそうです（「何ものも同じ川に二度浸ることはない」）。老子の川もそうです。いつも敵を運び去ります。あるいはマキャベリによって運命と比較された雷のような急流もそうでしょう。障害物によって流れを変えることはできますが、速いスピードで迂回してしまいます。また宋王朝の古典的な中国絵画で悠然たる岩と対置される滝のモティーフもそうでしょう。

人間の眼に見える万物のなかで、流れる水は無常を、移行を、それと同時に生成するものの力を表現するものでもあったのです。この力はあらゆる形を取り得る水の能力に、その流動性によってほとんどすべての抵抗を克服する水の能力に由来するものなのです。

それゆえ、直接的にはいくつかのスペクタクル効果しか知覚できなかった電気を表象しなければならなくなったとき、水のイメージが用いられることになったのです。電気は物質の中心に住まう目には見えない一種の水になり、まずは「微細な流体」の資格を与えられたのです。それゆえこれは、最初の性質（動きと流れ）を二番目の性質（熱さと光）と混ぜ合わせ、前代未聞のエネルギーを形作る火の水だったのです。そして流れる水のイメージは、それとともに、常に生成と不変の変容の表象を運搬していたのです。以上、電流は意に反して、この暗示を背負って見出されたのです。そして理解されることなく、普遍的な生成の新たなエンブレムになったのです。間接的に、電流はそうなったのでした。川の水のそれと比較される計測可能な最初の性質のひとつを媒介として。つまりそれが強さ＝激しさだったのです。

磁気学への興味の最初の一時期以来、計量不可能な流体・準流体の概念化と計測のモデルとなったのが水文学という「母なる科学」であることは知られています。水とは反対に、電気はほとんど目に見えず、しかし動き方はそれとそっくりな何かの流れでした。それゆえ水文学でするように、この流れのエネルギーの保存が問題になったのです。そしてまた、その固有な諸効果が、つまり環境の性質に従い、この流れの伝導ないしは抵抗が問題になったのです。この流れの電荷を、圧力を、流出量を、あるいは流量を、ポテンシャルを、極を、電圧を一層正確に計測することによって水圧の比喩を保持したのです。一見すると、「電気の強さ＝激しさ」と呼ばれることが決まったものは川の流れの流量と全く別の何かではありませんでした。水流の最高点と最低点のあいだの高低差が、平等な横幅と奥行きのひと区画に関し、勾配の下で想像的な切断面を横断し流れる水の質量の計測を可能にするのと同じように、ある回路のふたつの極のあいだの電気量の差は、ある時点にある地点を通過するプラスないしはマイナスの電気量を見積もることを可能にするのです。慣習が生まれ、電気の流量は与えられた面積で、例えば電線の断面積で決められることになります。アンペアで計測される電流の強さは時点Δで伝えられる電流Δに等しいことになります。なぜなら、一アンペアは毎秒の一クーロンの電気量と、すなわち、ある地点での一秒間六・二四一五〇九六二九一五二六五×十の十八乗の電気素量の移動と等しいのですから。「強さ＝激しさ」〔intensité〕という単語によって、以後、二重の差異が理解されることになります。時間の差異における電気量の差異です。このような概念化は時間の中にしか強さ＝激しさがないことを意味しています。あらゆる強さはふたつの時点のあいだの変異なのです。強さ＝激しさは即時のものではありません。こうした定義は、時間的な変異が測定するのは第二の変化であることを示唆してもいます。

これは物質の、人間の知覚に直接的には到達しない人知を超えた性質の変異なのです――つまりその電荷です。もはや電気の強さは単に衝撃や自然の閃光を示すのではなく、この閃光の量化可能な計測を示すようになるのです。

観念のイメージ

電気の現象の発見と探求は、夢で、事物それ自体に刻まれる不可避的に強い何かのイメージで、物質に固有のエネルギーで物質を満たしました。このエネルギーは生の普遍的な動因になり得たものでした。しかし、電流の存在が明らかにされたときに垣間見られた純粋な強さの観念は、すぐに、電流を正確に計測し、魔術的な力を一定時間内の粒子の解読可能な流量に還元する科学にその場を譲りました。

電流は、すべてを説明すると同時に説明不可能なままにとどまるという希望を失ってしまったのです。数量で説明され、分析され、解体された電流は、形而上学的観念において失ったものを物理学的な現実で手に入れることになるでしょう。

自然の普遍的な動因としての、ないしは生きるものすべての、感じたり苦しんだりするものすべての本質的なモーターとしての電気の観念は、ひとたび物質的な転写に直面すると、世界を説明する形而上学的エネルギーの原理の全観念としては期待外れなものになることを運命づけられていたのです。「気」なり「プラーナ」なり「生の息吹」なり「プネウマ」なりの世界のすべての魂としての電気の微細の流体は、同時に形而上学的な観念として、そして物理的実体として存続することには失敗しました。完全に片一方になることでもう一方であることを止めなければいけなくなってしまったのです。そしてひとたび計測可能な大きさに戻されると、電流の強さは大変に便利なものであったために、ほとんど即座に、世界を活気づけ直すという約束を、自然の統一の原理を、存在するもの・生きるもの・思考するものの再統合の原理を、表現することをやめてしまったのです。

電気の約束の数々は――エネルギー源としてではなく自然や人間について私たちが知るすべてのものを再構成する観念としては――、テーゼの形式の下ではとても脆弱なものになってしまいます。大衆的であれ知的であれ表象であれ、本質的にそれは正確なものではまったくない印象であり、「電気のヴィーナス」の実験に出席した聴衆のそれと同じように、子供じみ、熱狂した高揚の一種だったのです。彼らは魔術的な軽業として、自然それ自体という手品師のトリックとして、提示される物理現象に夢中になれればそれでよかったのですが。

純粋な強さとしての電気はまずは観念ではなく、イメージだったのです。ある電荷のイメージであり、認識可能で利用することが想定されるイメージ。しかしまた飼いならすのが難しく、還元不可能で、物理的世界の要素それ自体に刻み込まれた電位差に由来する電磁気学の力に満ちた何かに突き動かされるイメージ。満たされた物質のなかには純粋な性質があり、それは一種の野性的な性質でした。しかし、それに由来する強さ＝激しさは非合理的なものではなかったのです。観察し、見積もることができるものでした。人間の五感が自然世界について知覚することができるものの手前に強度的な現実〔réalité intensive〕が存続しており、それが想像力を捉えたのです。それどころか、物質的存在の一定の部分を横断するこの電気的強さ＝激しさは、生きるものの感性や神経の状態をも定義していたのです。そしてさらに、この強さ＝激しさは脳を、すなわち思考をも通過しました。自然は死んでいなかったのです！それはある激烈な原理で生きており、近代人は火の神秘に恍惚とした原始人と同じ仕方でこれを賞賛することができ、今度はこれを飼いならそうという希望を持ったのです。

この曖昧なイメージこそがヨーロッパを興奮させ、近代のプロジェクトを大きく揺るがせたのでした。というのもこれこそが、運動と物質の合理化というプロジェクトの後に、世界を思考可能で認識可能なものにしたばかりではなく、居心地のいいものにしたのですから。強さ＝激しさなしでも世界は合理的に思考することが出来ましたが、しかし、生きるということに対しては存在に関する一般的な落ち込み以外に別のパースペクティヴを与えていなかったのです。万物について、空間・運動・物質・エネルギーを合理化したヨーロッパの、歩みの遅い形而上学史・物理学史の帰結です。電流とその望ましい強さ＝激しさの輝かしく幻想的なイメージが、理性の衰弱の危機に瀕した近代的精神を、こうした普遍的計算の表象から救いにやってきたのです。電気は自然の、そして私たちの自然の抑圧された力の指標でした。この力は飼いならすことができると同時にできず、特定可能であると同時に変わり続けるものでした。つまりそれは、強かった＝激しかったのです。

2　観念——事物をそれ自体と比較するために

潜在的な力のおかげで

散歩をしながら、その日の最初の光が現れるのをみます。すべてが発散しています。すでに夜明けの数分前に、風景の薄暗い色調は変化していました。薄明りの中で、多かれ少なかれきちんとした形状は、別の色をとるというよりは、より正確な色調を明かしていました。さらに灰色、黄土色、緑色がより鋭く、より鮮明であるようにも思われます。じきに、日常の変容がどの瞬間に始まったかを決めることが出来ないうちに、地平線から、平野の上に、明るみが広がります。大気もまた次第に明るくなりました。動物たちによる物音も、とりわけ鳥たちの歌も、より強く反響しました。新しいものは何も現れていませんが、しかし、すべてが変貌したようなのです。同じ世界が私のまわりで、しかしより強い光の下で、その姿をみせたのです。光景を再構築しながら、私は明るみの度合いによって秩序づけられた、周りを取り巻く田園の状態の継起を思い浮かべることができます。なんと言うことでしょう。このとき、私は生成と連続の感覚を失ってしまいます。この感覚のおかげで複数の風景が継起したのではなく、同じ風景が別のそれになるのではなく、明るみを強めたのですが。私は、また、あるひとつの同じ動く風景を、始まりから終わりまでのシークエンスを持つある単一のイメージを想像することもできるでしょう。しかしこれは徒労です。そのとき、私はもはや最初のほとんど完全に真っ暗な田舎を、数分後の生き生きと輝くばかりになる田舎を、もはや比較することなどできないのですから。その差異を測るためにはそれをきちんと区別する必要があるのです。

変異として私に現れるものすべてについて同じことが言えます。強さが増す、執拗にずきずきとする頭痛持ちの患者である私は、確実に、この苦悩の強さ＝激しさを感じていますが、それを思考することには苦労します。なぜでしょうか？　目が覚めて以降の私の頭にねじを立てる苦しみの増加を見積もろうとするならば、こころの中の引き算でいまの苦悩を思い浮かべ、そこから目覚めたときの苦悩を引く必要があります。得られる残りが、この間に私が有した追加の苦悩の度合いなのです。そのため、私はふたつの苦悩を区別し、外側から比較しなければなりません。背の高い人と低い人を比べるように。そしてこの瞬間から、もはや私は苦しみの強化＝激化を思考することができなくなります。というのも、ふたつの外的な要素のあいだには強さ＝激しさ〔intensité〕の変異はなく、ただ延長〔extension〕の違いがあるだけなのですから。ある苦悩が別のそれより強いのは、最初の人間が横にいる者よりも背が高いというのと同じであり、あるいは、空間の一部分が別のそれよりも広いというのと同じなのです。これに対し、私がその苦しみを分割することを拒否するならば、見積もることを望んだ強さ＝激しさの違いを思考することが再び不可能になるでしょう。私の苦しみが夜明けから今まで同一ならば、ここではより強く、あそこではより弱い、という風には思わないでしょう。苦しみは同一のままに留まるのです。

観念は謎めいたものであるかもしれません。なぜ、私の知覚に連続的に、確実に課されるものを概念で切り分ける必要があるのでしょうか？　私にはそれを知る必要はありません。私はそれを感じているのですから。事物は変異し、変化し、生成します。しかしながら、思考する存在にとっての最も重要な使命のひとつは、それが遭遇する最も困難な使命のひとつは、まさに次のようなものなのです。すなわち、ある事物と別の事物との比較ではなく、その事物それ自体との比較を言葉によって理解することなのです。その周りで変化を感じる、生きる身体の原初的な体験は、微小な操作の計算不可能なセリーであり、この操作によってある実体〔entité〕は、私たちの記憶を介し、絶えず以前そうであったものと関係づけられながら少し大きくなったとか、すこし薄くなったとか、いずれにせよ以前とは違うものとして私たちに現れるのです。以前会ったときから大きくなった子供にしても、恋の芽生えにしても、上げ潮にしても、冬の終りに切った木にしても、事情はすべて同じなのです。しかし、これらの事物の性質は変動しもします。弱まる明るさ、強まる冷たさ、音量が弱まる祭りの騒音。私は話す以上、知覚するこうした変動を思考し、説明することができなければなりません。

　ところで、同一物の変異を概念化するために西洋の伝統的思考に最初に課された観念は潜在的な力＝可能態〔puissance〕というそれでした。アリストテレスによって定義された意味においてギリシア語のデュナミスは、まず、それぞれの存在のそれ自体との比較に関する素晴らしい道具だったのです。

　芽や子供はそれがいまあるところのものですが、しかし潜在的には、それが将来なるであろうものでもあります。かくしてギリシア語のデュナミスとしての力は、数世紀にわたり、ある主体をそれ自体に関係づけることだけを目的とする、西洋哲学の基本ツールとして役立ってきたのです。諸事物の中心に注入された形としての力は、要約するとすれば、存在するすべてのものの「内的な勾配」だったのです。万物がそれ自体の内に実現（現実態への到達）の観念を含む以上、ギリシア的、そしてキリスト教的と呼ばれるようになる思考はある計測器具を備えており、ある事物が私の眼前にあったところのものと、それが理想的なものとして自らの内に有し、現実態へと移行させることが出来たその完璧な形とを比較することを、悟性と知覚に可能にしていたのです。私は前もって、大理石の塊の内に石がなることができたすべてのものを――とりわけ彫像の中で最も美しいものを――知覚することができました。同じように、芽のなかに開花した花をうかがうことができ、子供のなかに成熟した人間をみることができました。そしてまた、私はこころの中で、世界の特異なそれぞれの実体〔entité〕をそれぞれに対応する一種の内的な等級に位置づけることができました。それぞれの事物がそれ自体とそのエイドス（すなわち理想的な形）の完成のどの段階にあるかを見定めるために。

　物理的であれ精神的であれ、アリストテレスから継承した宇宙論がどれほど強さ＝激しさの制御を人間の眼と精神に可能にしたか、すなわち、どれほど事物のそれぞれの潜在的な力のより多い、より少ないに従って、その周りで、そしてその内で、カオスを秩序づけることを可能にしたか、私たちはよく理解できます。

　自然の全存在がこうした内的で理想的な原器を内蔵していた以上、何ものもただその内に放っておかれるということはなかったのです。私自身も、私の実存の内で自分を方向づけるために、私の存在の内に内包された何らかの親密な梯子の上に、来る日も来る日も自分を位置づけたことがありました。最大の度合いは現実態における私の完全な実現を指し、私はそれぞれの瞬間において中間的な度合いを占めていました。潜在的な力はこうしたそれ自身の強さ＝激しさのグラデーションであり、すべての存在はその内に、最も本質的なアイデンティティとしてこれを保持しているのです。諸存在はこうしてアリストテレスの影響の下で、古典主義期にいたるまで、内的な途方もない強さ＝激しさに満たされていたのです。木、人間、彫像はその存在の奥底にその観念を、すなわち、実現の最大の度合いを秘めており、思考によってこの達成の最大限の状態に関係づけられることができたのです。思考することは、現実の事物を理想的で完成された事物から区別する距離を計測し続けること以外の何ものでもありませんでした。

多かれ少なかれ

しかしながら、自然の全存在の進行をその観念との関係で思考するだけでは十分ではありません。実体〔substance〕のそれぞれの完成の度合いの見積もりはひとつの問題ですが、その性質の単純な変異の計測はまた別の問題なのです。輝きや表面の白さは絶えず増加し減少し得るものです。私はその変化を知覚しますが、しかし、いかにこれを思考することができるのでしょうか？

光が多かれ少なかれ強まり明るくなるプロセスは、完全に延長的〔extensif〕というわけではないように思われます。純粋に外的な関係に関する限りにおいて、異なる事物の比較の関係は「延長的」と呼ばれます。より小さな事物に対し、物体の量ないしは空間の量が付け加えられるのです。一が四と一緒になり五を生み出すような仕方で。ところで強さ＝激しさはアリストテレスによってそう名づけられていたわけでは決してなく、中世までは曖昧なままだったのですが、思考にとってのある奇妙な挑戦を意味していました。これは変化に関し全くもって親しみのある形象ですが、しかし、質量に関する非延長的な変化を前提としていたのです。これは変化することによって拡張せず、縮小もせず、別物にもならない何かなのです。外部からは何も付け加えられない何かであり、しかし、それがあるところのものであることに固執しながら内側からは大きくなったり小さくなったりするようにみえる何かなのです。これは多かれ少なかれ明るい同じ光です。アリストテレスのテクストでは、身体の情動（暑さ、ないしは光）と同時に霊魂の情動（精神における多かれ少なかれ大きな怒り、羨望）が問題になっています。アリストテレスは何度も自問しています。部分と部分のいかなる追加も前提とせず、いかなる外的な減少も増加も前提としない、より多いより少ないのこうした変異を計測することを、何が可能にするのか、と。それゆえ、いかにしてある性質をそれ自体と比較し、それを同時に同一的であり「多かれ少なかれそれであるところのもの」とするのか、と。

壁が次第に白くなるとき、風景が次第に明るくなるとき、私の機嫌が次第に悪くなるとき、実を言えば、壁も風景も私も変わってはいないのです。存在の基盤、すなわち実体〔substance〕は質的な変異とは考えられていないのです。しかしながら、実体という存在のこの不変の外套掛けの上で、そこに掛けられるいくつかの性質が――色や重さ、温度、ないしは情熱のようなそれが――行ったり来たりするのです。

どのようにして何かが多かれ少なかれ温かくなり、多かれ少なかれ明るくなり、多かれ少なかれ正しくなるのかを理解することは、諸性質が「強化＝激化」（増加）ないしは「鎮静化」（減少）するその仕方を説明することであり、アリストテレスによって『範疇論』で開始された考察をふたたび行うことなのです。「ふたたび、ある事物がそれ自体より多く、ないしはより少なくあれやこれであると言われる。青白い身体はいま、以前よりも一層青白いと言われる……。」アリストテレスにとって、強化＝激化と鎮静化は、おそらく、種の対象を変化させることはない、一種の限定された変質だったのです。「変質」〔altération〕という言葉によって、彼は事物が別の事物になるような変化を理解していました。ところで、私たちが興味を持つケースでは、事物は同一のままですが、その性質のある強さ＝激しさにおいて何かを得たり失ったりするのです。事物は同一であり、そして変化してもいるのです。

アリストテレスは再び可能態と現実態のカテゴリーを用いることによってこの逆説を解消したようにみえます。ある性質の強さ＝激しさの変異は逆の機能に対応しており、性質の反対物が可能態の状態にあればあるほどその性質は一層現実化されるのです。別の言い方をしましょう。壁の薄暗さがより現実的なものでなくなりより可能なものになると、壁の明るさはより現実的なものになり、より可能なものでなくなるのです。それゆえ、潜在的な力はあらゆる自然の存在の完成に向かう変異だけではなく、その性質の強さ＝激しさの変異を説明する原理でもあったのです。ギリシア、ラテン、キリスト教、アラブ＝イスラム教の多くの知がこの考え方に依拠しており、それが同一性と変化を合理化することを可能にしていたのです。

しかしその後、この原理はもはや十分なものとは思われなくなりました。「形式の緯度」〔lattitude des formes〕と呼ばれるものの歴史によって、中世の哲学においていかに性質の intensio〔強さ＝激しさ〕と remissio〔軽減〕の問題が潜在的な力による変化という説明から、質量、すなわち延長的なマグニチュードによる変化の測定へと進歩的な放棄にいたったのかを理解することが出来ます。西洋において、潜在的な力の観念への信仰は少しずつ放棄されていったのです。アリストテレスによって残された「より多いより少ない」の問題は、まず、数多くの解決を権威付け、力と測定を調停するよう努めたようにみえます。それからすべての解決が、潜在的な力の強さ＝激しさ〔intensité〕を延長〔extension〕に還元するような仕方で考案されたのです。

潜在的な力による形而上学的説明のすべての欠陥は、それが実際には、変異を質量化することができないということです。ところが、ヨーロッパの科学にとって運動を量化することがますます重要になるにつれて、光や物音、その他すべての種類の性質の変異は事物のそれぞれの性質の潜在的な力とその現実化とのあいだの形而上学的戯れにしか関わらないのではなく、測定可能な物理的変化にも属していると考える必要がでてきたのです。どれほど光が下がったか、どれほど物音が上がったか、ひとは見積もることができるようになったのです。こうした理由から、アリストテレスにおける厳密に質的な変異という着想は、中世の哲学者らによって、次第に量化される解釈に従属することになったのです。これは性質と運動の完成された量化にまでいたり、デカルトによる純粋な延長〔extension〕としての物質という考え方とニュートン力学の形成を正当化することになります。

しばしば中世の問題は人間の魂における慈愛の、すなわち愛の強化＝激化〔intensification〕ないしは軽減〔rémission〕を問うことにありました。アリストテレス的観点からすれば、私が一層愛するとき、すでに有していた愛に少しの愛が付け加わるということはありません。全体の性質は不変であり、単にふたつの相反する表現のあいだの内的な関係だけが、ある力関係の争点なのです。ところで、こうした考え方はそれぞれの瞬間における愛の度合いを測定することを禁じます。というのも、私は堂々巡りに陥ってしまうのですから。私のこころの中で瞬間 t のときにある愛の質量を決めるのは対応する非－愛の質量を決めることと別物ではありません。そして後者を決めることが前者を決めることなのです。外的な物差しがないために増加したり減少したりするものを計ることができないのです。それをするためには、中世のアリストテレス解釈がそうしたように次のことを認める必要があります。つまり、性質は完全に決定された存在ではなく、それは全くの別物になるということはなく、それ自体からの足し算ないしは引き算の測定可能な「緯度」〔latitude〕を認めるものである、ということを。陽の明るさはそれが明るさであることをやめることなしに、そこから少しの質量を引くことができるようなものなのです。もちろん、こうした考えは、ある性質は量化可能な小さな部分の数々に分割可能であるということを前提としています。それゆえ、白さの度合いがあるように、喜びの度合い、苦しみの度合いが存在するのです。「強度的な量」〔quantité intensive〕ないしは「強度的なマグニチュード」〔magnitude intensive〕というこうした考え方は、変化の本質の諸科学、すなわち自己と自己の比較の諸科学による合理化を理解するための鍵となるものなのです。

まず中世において、こうした合理化の表現について長い哲学的な躊躇があったことが推察されます。例えば、ゴドフロワ・ド・フォンテーヌやウォルター・バーリーの考えでは、変異する全性質は完全に更新されます。私が見つめる薄暗がりのなかで暗くなる風景は、秒ごとに、全く別の風景になっていくのです。それは光度の度合いの下で、その都度完全にひとつの風景なのです。次の瞬間、同じ種類のまったく新しい風景が現れるとしても、それはより暗い、薄暗さの傾向がより強いまったく新しい風景なのです。そして私がこころのなかで次第に大きくなる喜びを感じるのは、私のこころが瞬間ごとに無化され、まったく別のこころに置き換えられ、そのこころの喜びがより完璧なものになるからなのです。

しかし、変異するものの同一性はそれからとても問題含みのものになります。瞬間の無限の継起の中で時間を分断することができる以上、同じ事物について無限のバージョンが存在することになり、それぞれのバージョンは異なる強さ＝激しさに服することになるのです。ある事物とそれ自体との比較の計測としての強さ＝激しさという恩恵は失われます。それぞれの度合いに対し、異なる事物が対応するのですから。

それゆえ、フランシスコ修道士らやオクスフォードの先見の明を持つ者らによる加算主義的な考えでは、強化＝激化は完全な更新ではなく、性質の部分的な付加として理解されることになります。私がより悲しくないとすれば、私の悲しみのほんの一部分が消えたことになります。悲しみ、喜び、白さ、明るさ、香りはもはや分割不可能な形式としてではなく、部分部分での構築と脱構築のプロセスの過程と見なされます。これにより、計測と計算の対象になるのです。

内部の潜在的な力はもはや問題にはなりません。変異するものはすべて、平均して量に還元されることになります。あるいはいずれにせよ、均質で、部分部分で分割可能な空間に還元され、これが比較と計測を正当化するのです。このとき私たちは、各々が潜在的な力で満たされており、ある性質とその反対物とのあいだの人知を超えた力関係に従って諸性質が変異に服しているような、異なる諸実体から構成されるのではない世界を考えるようになるのです。すべてが平等に広がり切断可能で、ある普遍的な力に服する用意ができた合理的な世界を、私たちは観察するようになるのです。

力のおかげで

古典主義時代は、まず、科学においてはすべての強さ＝激しさが無に還元されるモメントです。ニュートンの一般力学の考えを準備する古典主義の思考は、客観性を、強さ＝激しさ〔intensité〕の不在と、それゆえ延長〔extension〕と同一視します。諸事物の内に「より多いより少ない」はありません。デカルトの広がるもの〔res extensa〕は単なる幾何学的な変換の支えであり、均質で未分化な物質を思考することへの希望を素晴らしい仕方で表現しています。この物質は、それぞれが潜在的な力の保持者であるような特異な実体の数々で構築されるのではなく、拡張性があり造形可能な巨大なペーストなのです。観念を欠いた不能の小麦粉のようなものです。近代科学に身を委ねることになるこの非人称的な物質は、点のそれぞれのうちにあるものであり、諸部分は外的に、結合ないしは切除によって互いに付け加わることができます。物質において、何ものも変異する強さ＝激しさを内蔵してはいません。その正確な意味において、自然における何ものも、それがあるところのものと比べてより多い、ないしはより少ないということはないのです。

古典的で、そして近代的な科学の対象は以下のようなものです。原則的として同様にそれがあるところのものである、公平に分配された存在。世界のいかなる部分も別の部分よりもよい仕方で、ないしはより完璧な仕方で、存在するということはないのです。それは外側から計測可能で、それについて大きさや総量を決めることができ、変異する力に委ねることができるものなのです。しかしそれ自体においては、自然のいかなる他の部分とも同じの、匿名の、全く特異性を持たない一区画なのです。

ニュートンの決定は『プリンキピア』の中で明確に述べられています。「物体の諸性質のうち、強さ＝激しさ〔intensité〕も軽減〔rémission〕も認めず、また私たちの実験の範囲内ですべての物体に属することが知られるようなものは、ありとあらゆる物体の普遍的な性質と見なされるべきである。」[1]

潜在的な力が内的なより多いより少ないであり、世界の実体のそれぞれに住みつき、憑《と》りつくものであったのに対し、『プリンキピア』には厳密な定義はないものの、その科学的意味がニュートンによって定められた力〔force〕というものは——これは、他のものを定義することは可能にしますが、それ自

（1）既訳を参照したが、本書の文脈とあわせ、一部訳語を変更した。アイザック・ニュートン『プリンシピア 自然哲学の数学的原理』（第三篇 世界体系）中野猿人訳、講談社ブルーバックス、二〇一九年、一一ページ。

体ではそれであることができない原初的なものです――、物質から排出され、物体を運動させるものの非人称的な活動のうちに閉じ込められたあらゆる強さ＝激しさを受け入れるものなのです。次のように要約しましょう。古典主義時代は絶対的に強さ＝激しさがなく受動的な部分（物質ないしは物体）と、強く＝激しいが一貫性のない部分（力）とに存在を分割すると。動かされるものには強さ＝激しさはありません。動くものは変異し、それゆえ強い＝激しいのです。動かされるものは物体であり、動くものには物体がありません。それゆえ力はすべてに行使される、何ものでもないものの強さ＝激しさなのです。

ニュートンの『プリンキピア』において最も重要で注釈された身振りのひとつは、帰納の諸条件を述べる際、度合いによって増加したり減少したりする事物の性質の理解を断念するという決定を行ったことです。運動を合理化するために、古典力学はまず、光度と暑さと音と香りの変異を排除します。これはもはや理性によって計測され計算されるものの特権的な領域に属していないのです。

ニュートンにとって力とは何でしょうか？ それは、その特殊な形式と内部、隠された本質を剝奪され、外部に投げ捨てられ、広がり、非人称的な世界の物質に塊として割り当てられた特異な諸事物の潜在的な力、と言うことができるかもしれません。切り離された実体〔substance〕と同じだけ潜在的な力がある。これは古代のコスモスであり、すでに時代遅れなものに見え始めています。古典物理学とともに、もはや唯一の潜在的な力しかなくなり、これはそれぞれの実体〔entité〕の中心には居を構えておらず、諸事物の外部の原理として存在し万物に対し外部から刻み込まれるものなのです。盲目に、平等に。それぞれの実体〔entité〕の形を説明するアリストテレスの潜在的な力とは反対に、ニュートンが理解する力はもはや諸対象の同一性であるものを考慮することは全くないのです。力はそれが働きかける実体〔entité〕とは無関係な強制の媒質〔milieu de contrainte〕を具現しているのです。オークであれブナであれ、木であれ鉛であれ、金属であれ肌であれ、平等に、似たような形の塊に対しより多くもより少なくもなく働きかけるのです。ひとが転落するのも、馬が走るのも、風が吹くのも、あるいは岩が坂道を転がるのも、いつも同じ普遍的な力によってなのです。

実を言えば、とはいえ異なるふたつの力があります。あるいは、ニュートンに定義されたこの同じ力にはふたつの側面があるのです。内側からの力。これは慣性力と呼ばれ、つまりは押しつけられ、押さえつけるものへの物質の抵抗です。そして外側からの力。適切に言えばこれは圧迫であり、別の物体に対しある物体が生み出す衝撃です。これらは作用‐反作用の法則に従うものです。「慣性力」と「押しつけられる力」は同じ山の塊の、定義が存在しないあの巨大な力の両斜面なのです。

力はアリストテレスの「デュナミス」、ストア哲学の「プネウマ」、あるいは「気」、「プラーナ」ないしは「ソーマ」によって説明される原初的なエネルギーの概念とは袂を分かち、もはや形而上学的な原理であることをやめ、もっぱら物理学的な原理になるのです。しかしながら循環する定義を対象とする以上、それは十分ひとつの原理足り得るものです。力とは、何かを説明するためにはそれを前提としなければならないものなのです。

力の概念のこうしたアプリオリの用法は、まず、英国におけるニュートンの弟子たちを納得させました。しかし、力学の合理化のプロジェクトの拡散に従い、これはすぐに手に負えないものになります。トルスデルは「力の観念はニュートンの構築物の弱点であり、ライプニッツとダランベールに続き、マッハはこのことをはっきりと理解していた」と記しています。『プリンキピア』の刊行から五十年余りが経った後、ダランベールはすでに力を運動の単なる表明に還元することを望んでいましたし、ニュートンにおいて作動する力を「曖昧模糊とし、形而上学的で、それ自体で明るい科学に影を投げかけるのでないならば何もできない存在」として言及していました。より唯物論的な論者の眼には古典物理学にとってエーテルがそうであったくらい当惑するものであった定義し難い概念としての力は、ひとが理解できる用語で分析されなければならず、そうでなければ科学の領域から追放されなければなりませんでした。ダランベールに続き、キルヒホフやマッハが力の概念に依拠するのではなく、一般力学に関するニュートン的プロジェクトを再定式化することを試みました——科学者らの共同体を納得させることはなかったのですが。

一九〇〇年のパリでの国際会議において、ポワンカレは公の場で以下のことを問うことによって、二世紀にわたる探求を要約しています。「質量なり力なりが何であるかを依然として知らない限り」は、と認めつつ、$F=ma$ は実験的で実証可能なものであろうか、と。ダンスフェルドの手による最近の物理学の教科書では、相変わらず、力は「定義を想定していない」と書かれています。加速の原因である力は、まさしく、現実的で、観察可能で、量化可能な何かの原因です。そこからまた、まさしく力が現実的なものであることを導くことができるのです。

力は理性で捉えることが出来ず、しかし、それなしで済ますことも出来ないものです。それは十八世紀にヨーロッパの学問が継承したニュートンの体系において唯一の現実的な強さ＝激しさなのです。すべてはあるところのものであり、より多くもより少なくもありません。ただ力だけが変異するのです。これは古典的な合理主義の鍵となる定式となるでしょう。何ものもそれ自体としては変異せず、リンゴも、わたし自身も、より多くより少なく、私たちがあるところのものである、ということはないのです。それゆえ存在のなかのあらゆる変異は、力の行使によって、物理学的に説明されることになるのです。

ヨーロッパの合理主義とは、根源的に、こうした大いなる分有なのです。あらゆる同一性は実体〔entité〕にいたり、あらゆる強さ＝激しさは力にいたります。力は唯一の変異であり、世界の諸事物はそれ自体では存在の変化を知ることはありません。どんな人間も、より多くより少なく人間であるのではないのです。どんな草木も、より多くより少なく、それがあるところの草木であるということはないのです。反対のものを思考することは、計り知れないものを計測していると主張することなのです。すなわち、それ自体での存在の変化を。

力について言えば、これは変異でしかないのです。力はより多いより少ないでしかないのです。それゆえ力はアイデンティティを持たず、この仕掛けに支払われるべき対価は、力は、実体ではないということなのです。力は受肉されず、それが働きかける世界の諸事物と同じではありません。力は亡霊なのです。それは触れることができない定義不可能な強さ＝激しさなのです。触れることができ定義可能なものは、その存在の強さ＝激しさのいかなる変異をも認めません。それゆえ、普遍的な強さ＝激しさの変異としての力は、結果として、触れることができず定義することができないのです。

これが合理主義の運命です。すべてが説明されるにつれて、説明の原理そのものが説明可能なものの領域を逃れ去ってしまうのです。全宇宙を照らす光の窯が、少しずつ陰の点を孤立させるように。そこに到達する手段としての理性以外ならば、ひとは何でも説明することができます。これこそが力という近代的概念の意味なのです。これは力学の合理化の優れた道具ですが、その活用が可能にする解明にとっては、絶望的なまでに暗い謎でありつづけるものなのです。

力という語ですべてを理解しながら、力それ自体が正確には何であるかを理解することには、ますます、科学は到達できなくなってしまうのです。

ニュートン以後の落ち込み

ニュートンのプロジェクトによって引き起こされた多幸の時期を過ぎると、一種の危惧が明るみに出ることになります。これはモデルニテのあらゆる批判と混同される以前には、何世紀にもわたり思考と通底していたものです。強さ＝激しさを剝奪された理性の落ち込みへの不安。「落ち込み＝鬱」〔dépression〕という表現によって、私たちは同時に、心理学的な意味と語の文字通りの意味を理解しています。これは存在の収縮であり、近代以前の幻影の、一種の思弁的な泡のふくらみのように元に戻り、以後はそれが本当にそうであるように空気が抜けた状態で姿を見せることになります。

強さ＝激しさの観念がないために、ヨーロッパの思想において世界の合理化は、非合理的なものとしてとは別の仕方で、何かがより多くより少なくそれがあるところのものであるという事実を想像することが出来なくなってしまったのです。ある実体〔entité〕の尺度をそれ自体との関係で考えることは、計算的理性の能力を逃れてしまうのです。山はいずれにせよひとつの山なのです。それがあるところの山なのです。とりわけよく存在することでそれを賞賛することはできませんし、あまりにも弱く存在するために非難することもできません。明け方にその色が変わるとき、私は客観的に光のスペクトル上の変異を分析することができ、周波数の振れ幅によってそれを計測することもできるのです。このようにして私は、強さ＝激しさに関する変異の見かけを、数値化可能な状態の継起に還元することができるのです。

それゆえ、ある存在の強さ＝激しさ〔intensité〕に関するあらゆる変異は延長〔extension〕に関する用語で切り分けられ説明されなければならず、あるいは、それを知覚する主体に属さなければならないもでしかないのです。純粋な強さ＝激しさはこの世界に由来するものではなく、世界に関する感情〔sentiment〕のなのです。私は疲れている、すべてがいつもより遅く私には感じられる。私は眠い、すべてがいつもより青白い光のもとにある。同じ世界が欲望に燃える人間には生き生きとしたものにみえ、存在に無感動になった人間には生気のないものにみえます。しかし世界はそれ自体としては生き生きともしていませんし、生気のないものでもありません。世界とは何なのでしょうか？　それは延長を持つものです。その部分のいかなる部分も、それ自体としては、別の部分以上の価値があるわけではありません。この世界のいかなる区画も、ほかの区画よりも優れた存在論的な尊厳を持つわけではないのです。大理石の体積は、その大きさにおいては腐敗の過程にある物質と同じ体積です。絶世の美女の肌の一センチメートル四方は、表面積において、ハンセン病患者の皮膚と同じです。遺体は生き、空間の比較可能な一部分を占める身体以上のものではありません。存在は度合いを持たない、と近代に入る者は考えます。あるいは、存在が度合いを持つように私に思われるときにも、このグラデーションは私にしか関わっていないのです。

よくあるように、年を取り若さが遠ざかるにつれて世界が生き生きとしたものではなくなり、より暗いものになる、と仮定してみましょう。世界はそれ自体としては以前よりもより生き生きとしていたり、より生き生きとしていなかったりすることはなく、変異は私のこころの状態にしか関わらないことを私は認めることができます。しかしそのとき、あらゆる強さ＝激しさは世界から追放され、私のうちに閉じ込められ、私はその唯一の保管者になります。諸事物それ自体はいかなる強さ＝激しさも持たないのです。諸事物はそれらがあるところのものでしかないのです。私はこれに調子や活気に関する何らかの変異を加えることができますが、これは心理学的ないしは生理的な私の状態の反映なのです。外側ではすべてが広がっており、すべてが部分部分で計測可能なのです。ただ私の内だけで、それが多かれ少なかれ強い＝激しいという感情が、この変化する色調で、この気分で、外の世界に色をつけるのです。

近代精神にとって真理を認めることは、その時以来、諸事物の客観的な強さ＝激しさの喪を行い、生物の、とりわけ人間存在の、印象の内においてのみ強さ＝激しさがあることを認めることに立ち戻ります。しかし客観的には、それゆえもはや主観的にはそうでないのですが、この世界の部分のそれぞれはそれがあるところのものであり、別の部分と比べてより多くもより少なくもないのです。そして何ものもそれがあるところのものと比べてより多くもより少なくもないのです。働きかけられる力だけが、現実の世界で変異するのです。

近代の意識の落ち込みの最初の徴候はそのときに姿を見せます。強い＝激しい何かを見つけるために、主体は自分自身のうち以外に源泉を持たないのです。事実として、その外部では何ものもよりよいわけではなく、より劣っているわけでもないのです。すべては平等なのです。もちろん、運動や変化を説明するためには力があります。しかし、力は盲目で非人称的なのです。力は変異しますが触れることが出来ず、直接的に実験することが不可能なものなのです。

強さ＝激しさなき物質と、外側から働きかけ、その効果の内でしか感じられることができない普遍的な力で構築される世界の継承者である西洋文化は、残虐で、ほとんど定義不可能な欠如を感じています。完成されつつある世界の延長化を前に、この世界は生き生きとしないものになってしまったという感情が、より正確に言えば、この世界は生き、住み、経験を持つ存在の十分に刺激的な理由を何も与えることはないだろうという曖昧な感情が、近代の合理化に憑りついたのです。この合理化は想像力に対し、現実についての感動に震えさせ、興奮させるようなイメージを与える力を持たないのです。

イメージの観念

そしてまさしく、この不振からヨーロッパの近代的主体を救い出すようにみえたために、合理主義ではもはやこの世界の事物それ自体のうちには見つけることが出来なくなった強さ゠激しさの新たなイメージとして、電気が役立ったのです。

ヨーロッパの聴衆を揺り動かした電気への魅惑を、いま、私たちはよりよく理解することになります。無意識的であれ意識的であれ、磁気学、それから電気は、近代的な人間をそれを脅かしていた落ち込みから、モデルニテの対価として、以後、存在のわずかの強さ゠激しさも剝奪された宇宙に住まなければならないという不安から解放したのです。いやしかし、物質は満たされていたのです！　自然の内に刻み込まれた差異があり、生や思考を通過していたのです。それはアリストテレスによる古代の潜在的な力ではなく、積み荷のポテンシャルであり、流れを引き起こす作動装置であり、どこかへ行く何かであり、生成する何かであり、平凡に広がる存在に穴をあけ物質を震えさせ、感覚を説明し、それにそれ自体としての価値を再び与える何かなのです。ところで、電気はヨーロッパの科学に認められたものであり非合理的なものではありませんでした。惰性的な物質と目に見える運動から見かけ上は逃れながらも、観察と間接的な計測を想定されていました。これは抽象的で形而上学的な観念であったり、証明することが不可能な原理であったりはしませんでした。それはひとつの事実であり、世界の近代的合理主義の考え方のうちに強さ゠激しさを再導入するものであり、部分部分で分割可能な質量ではなく、エネルギーの流れの尺度だったのです。

それゆえ強さ゠激しさの観念は存在していましたが、十八世紀まで、この観念はイメージを欠いていたと主張することができるかもしれません。多かれ少なかれ白い壁、精神のうちで多かれ少なかれ大きい慈愛、多かれ少なかれ明るい陽の光は、人間の感性には触れることがないスコラ哲学の屁理屈を――理論的にはこれもとても重要ではあるのですが――再び立て直しました。そうして私たちの表象の歴史のなかに輝かしいイメージが介入しました。すでにみた通り、このイメージについては観念が失望の念を示しました。諸科学によって合理化された電気はその神秘を失い、物質の正確な特性に還元され、その理論的な約束を果たすことができませんでした。電気は、最終的に、次のようなものでしかなかったのです。ポテンシャルの差異の効果のもとで伝道物質の内部で満たされる物質の小さな元素の部分の移動。

それから、観念を欠いたイメージとイメージを欠いた観念のあいだに、近代精神の奇妙で秘かな同盟が結ばれたように私たちには思われます。古典的な合理主義によって信用を失った純粋な強さ＝激しさという観念は抽象的なものになりました。あたかもアリストテレスとスコラ哲学の古い考えに、質的な変化と形式の緯度に属するように。ひとは新たな物理学によって再構築された世界において、強さ＝激しさとは何であるか、合理的に思い浮かべることに苦戦しました。他方、電流の強さ＝激しさは想像を超えたイメージであり、電気の発見の際にはヨーロッパの聴衆を歓喜させました。しかし、現象を研究するにつれて、分析するにつれて、量化するにつれて、変化とエネルギー放出、そして欲望と生それ自体の魔術的にして合理的な新たなイメージに思えた電流は、同様に、失望の念を抱かせる観念と対応するようにもみえたのです。

そしてまた、いかなる協議もなしに、電気のイメージは強さ＝激しさという古い観念に入り込み、強さ＝激しさという古めかしい観念は近代の電気のイメージのうちにその本体を得たのでした。その結果新しい概念が生まれ、その最初の痕跡はドイツ観念論のうちに、カント、シェリング、ヘーゲルのうちに見出すことができます。それから、この観念は哲学の舞台で本質的な登場人物になります。ニーチェの、ベルクソンの、ホワイトヘッドの、ないしはドゥルーズの現代的な形而上学のなかで。

以後、「強さ＝激しさ」は同時に量の変異を、ある事物のそれ自体との比較の計測を、変化と生成の計測を、純粋な差異を、生物の感覚を説明することを可能にするものを、欲望を、ある生が生きうるものであることを、量と延長を逃れるすべてのものの価値を、そして電気の煌めきを、意味することになりました。

近代的な生の原理としての強さ＝激しさに関する簡潔な系譜学に着手するならば、私たちの実存を方向づけるこの理想は限りなく抽象的な観念と絶対的に具体的なイメージのあいだに生まれた胎児であり、互いに他方のうちにもう一方の基盤を与えていることに気づかれるでしょう。古めかしい理論的問題に電気の強さ＝激しさの生き生きとした輝かしい側面を与えるために。そして形而上学的で人知を超えた性質としての電気の現実に活気を与えるために。

こうした結合から、前代未聞の概念が生まれたのでした。

3　概念——「すべてを強さ＝激しさのなかで解釈しなければならない」

強さ＝激しさという例外

十九世紀の、とりわけドイツのヨーロッパ哲学に現れたこうした強さ＝激しさの概念は正確には何なのでしょうか？　これは還元不可能な特質がもはや改善すべき欠如ではなく、擁護することが問題である性質としての強さ＝激しさの表象です。強さ＝激しさは平等に、より多いより少ないの観念と、質的な変化と、電流の望ましいイメージの連合として、ある形而上学的概念になったのです。思考が質的な変化を計測可能な量から区別するものに当惑させられていたために、電気という唖然とさせる事例が私たちの着想のすべてをひっくり返すことになったのです。強い＝激しいものの量への還元不可能性が、もはや欠陥ではなく、幸運と思われるほどに。

それゆえ、十九世紀以降、「強さ＝激しさのマグニチュード」という概念は、数によって、空間の部分ごとの分割によって、量の増加ないしは減少によって、回収することができない何かの計測を指すようになります。こうした分割や質量の体系が支配的である延長〔extension〕に対し、概念としての強さ

＝激しさ〔intensité〕が対置させられます。この概念は「延長的なマグニチュード」を逃れるすべてのものに関わることになるのです。

何の領域であれ、「強さ＝激しさ」は区別可能な複数の部分の総体ではなく、ある全体を指し始めます。継起的なものではなく即座のものを、直接的に数値化可能なものではなくある大きさを、異なる状態のセリーに対応するものではなく変化するものを、直接的に他の事物と比較され得るものではなく価値を持つものを、離散するものではなく連続するものを、ある現象に関する外的で観察可能な特質ではなく内的で親密な知覚体験に属するものを、それは指し始めるのです。強さ＝激しさ〔intensité〕は延長〔extension〕に対する、空間に対する、数に対する、量に対する、均衡に対する、交換に対する、合理化に対する、普遍化に対する城砦に、強力な抵抗の城になるのです。強さ＝激しさは特異なものと、その内的な変異の計測なのです――これに対し、科学は複数回生じるすべてのものの一般性と、反復されるものすべての一般性と、その諸法則の経験の認識とモデル化に身を捧げているのです。

かくして強さ＝激しさは、すぐれて例外的なものと見なされるようになります。強い＝激しいものは世界の合理化の理性によって例外化されるものであり、特異で親密な知覚に委ねられるものなのです。十九世紀の大半の形而上学において、延長〔extension〕と強さ＝激しさ〔intensité〕は論理的に対置され、相互に補完されるものとなります。理性はそれぞれに帰すものを与えることになります。延長〔extension〕に対しては外界の、知覚される自然の、物質や諸対象の客観性を。そして強さ＝激しさ〔intensité〕に対しては内的経験の、自然の知覚の、精神や諸性質の主観性を。

例えば「諸原理の分析」のカントにとっては、「強さ＝激しさに関する大きさ」は諸現象について、知覚によって予期され得るものを意味します。直観が諸現象の延長的〔extensif〕な大きさを予期することができるのに対し、すなわち諸現象が部分ごとに分割可能なものであり、そのすべてが部分の付加によって得られ、それが空間に属し、数に服し、数学化可能であるという事実を予期することができるのに対し、知覚は、ある現象の対象のうちにある感覚作用と現実的なものが「強さ＝激しさに関する大きさ」を、すなわちある種の度合いを持つという事実を予期するのです。

カントの体系の議論の含意をすべて考慮することは出来ないとしても、少なくとも次のことは押さえておくことにしましょう。ニュートンから受け継いだ世界が認識可能で、実験可能で、結果的には生き生きとしたものであるためには、弱り切ったこの世界で知覚されるそれぞれの部分がある度合いの、ある強さ＝激しさの内部から備給される必要があるのです。諸現象についての純粋に形式的な意識が可能になるとすれば、それはこの強さ＝激しさがゼロになる場合においてです。現実はそのとき、軽減によって無化され、認識可能な対象の形式でしかなくなるでしょう。しかし、知覚においてはこうした対象の現実は、実際、ある程度に作用されており、この程度は延長的な大きさではないのです。つまり、部分部分で得られるものではないのです。こうした対象の現実は突然に私たちに働きかけるのです。現実の感覚の全体性は、ある塊として、私たちに触れるのです。これを分析し、変異に目盛りをつけることが可能になるのはその後の話です。しかし、強さ＝激しさに関するこの大きさは主観的経験の内的なバロメーターの一種であり、それが何であるかの出現の度合いを即座に指し示すのです。

事実、カントの操作は決定的です。以後、強さ＝激しさ〔intensité〕は延長的〔extensif〕で、外的で、科学的認識に与えられるある世界の内的な充填の度合いを指すようになります。こうした関与の度合いは現実以外の何ものでもなく、これは時間に依存します。実際、カントにおける強さ＝激しさに関する大きさは内的で時間的な意味と結びついています。これに対し、延長的な大きさは外的な意味と空間に結びついているのです。

私が空を見ているとしましょう。時が経つにつれ解脱するような印象で、じっと見つめている青と白の空が次第に現実的なものではないように思えてきます。しかし、何かが変わったわけではありません。ただ単に、それを見ているという私の意識が高まっただけなのです。そしてこの宙吊りの時間に、私自身のまなざしの感覚が、私自身が映画のスクリーンであるような印象が、私のうちで高まるのを感じるのです。表象するものが表象されるものに勝るのです。時々目をぱちぱちとさせれば十分です。それは私とは遠い真理として再び姿をみせます。感覚はふたたび私を捉え、軽いめまいと、その実存を伴います。それを横断する光によって、地上の環境の曇った極限にいたるまで。遠く、あの高みまで。私はそれが自分の網膜から遠ざかり、大きくなり、それから私を包み込むのを知覚します。

表象の反省的な感覚作用と、自己の外の知覚の恍惚とした感覚とのあいだのこうした力関係は、現実的なものの強さ＝激しさの度合いがそれに沿って変異するような、連続的な線のようなものなのです。カントにとっては、こうした強さ＝激しさはゼロにいたるまで減少し得るものであり、その対象についての純粋な意識の勝利を示すことになります。しかし、知覚に対する知覚物の勝利を徴づけるような決定的な最大の強さ＝激しさは存在しません。世界についての私たちの可能な知覚という空虚な形式があり、それを満たし、多かれ少なかれ実存する、多かれ少なかれ強く存在するという印象を与えうる現実的なものがあるのです。これは私たちの知覚に付随するある感覚、すなわち強さ＝激しさの感覚に続いてやってきます。そのときに告げられるものは、純粋な意識と最大限の現実とのあいだの絶えざる力関係の存在です。現実的なものと呼ばれるものは、主体の意識の強い＝激しい充填になります。ときに弱まり、ときに増えます。そして私たちの親密な経験は、おおよその仕方で、それを絶えず計測しているのです。覚醒状態で、半睡状態で、夢の、ないしは完全に正気の状態で。

カントの狙いはゼロに等しい強さ＝激しさの可能性を思考することであり、これにより現実のあらゆる強さ＝激しさを空にした純粋な意識の諸条件を決定することを可能になるのですが、今度は次のような仮説を考察しなければなりません。近代的な生は、その反対に、最大の現実の強さ＝激しさの探求であるだろう。すなわち、知覚される世界の内的な過剰充填の強い経験は――ひとが生きていることを感じるためには、膨らみ、はみ出さなければならないのです。知覚されるものは、この経験を反省的な知覚にもたらさなければなりません。そして私が見るもの、触れるもの、愛するものの最大限にまでいたる確実性のもとで、この経験を溺死させなければならないのです。そしてこの最大限のものは、私自身のまなざしについての、神経についての、こころについての、それ自身の閉じ込めについての、意識的な主体についての私の反省の意識が減ずるにつれて高まるのです。こうした意識的な主体は、すべての点が客観的で他のどの点とも等しいようながっかりとさせられる宇宙を考えるよう運命づけられているのです。

いかなるものもより多くより少なくあるのではないことを私は知っています。すべてが平等に存在することも私は知っています。しかし、違う仕方で私は感じるのです。私が知覚するすべてのものが強さ＝激しさに従って変異し得ることを、私は感じるのです。

野生的な例外

カントないしはヘーゲルにとっては、後者が『大論理学』で「延長的な量」と「強さ＝激しさに関する量」を定義する際には、強さ＝激しさ〔intensité〕は単に延長〔extension〕の王国から除外されたものではなく、延長と互角に渡り合っています。強さ＝激しさは延長のパートナーであり、保証人＝応答者であり、反対物なのです。この時代のヨーロッパの思考において、強さ＝激しさと延長は均衡のとれた対を形成します。慎重に延長から区別されたこの強さ＝激しさは、それと調和のとれた形で婚姻させられ、手懐けられた観念になります。これは、概念によって「飼い慣らされた」強さ＝激しさと形容することさえできるかもしれません。

しかし、強さ＝激しさの固有性はその還元不可能性なのです。延長の補完物に還元された強さ＝激しさはその固有の特質を失います。形而上学者たちの精神において、ある過程は始まることで終わることが運命づけられています。そして、これによって思考は、回収と飼い慣らしから強さ＝激しさを救うことに取り組むのです。というのも、真の強さ＝激しさ〔intensité〕は幾分か性急に延長〔extension〕と結びつけられたこの仮定の強さ＝激しさとは根本的に異なるはずのものなのですから。

どうすればこのことを説明できるでしょうか？　ある子供がやさしく私の肌をつまみ、それが私を刺激するとしましょう。それからつまむ力がだんだんと強くなり、私の肌のより広い部分を摑むようになります。どちらかと言うと心地よかった最初の感覚は増大し、不快にまでいたり、率直に言えば痛くなり、最終的には苦痛なものになります。同じ感覚の強さ＝激しさでの増大は感覚の変質、質的な変化に向います。ちくちくと刺激することで感覚が苦痛になるのです。ベルクソンは意識と知覚の諸状態の特異性に関心を寄せる際、強さ＝激しさの計測可能なマグニチュードという観念が、精神のうちに、感覚の原因である表象からやってくることを慎重に示しています。原因（つまむ動作）が延長的であり、空間を占め、計測可能なものであるとすれば（私はその子供がつまむ動作にこめる力の変異を決定することができます）、量の概念は感覚作用の原因と移し替えられ、感覚作用それ自体にまでいたるでしょう。私の感覚の性質の色付け以外の何ものでもなかったつまむ動作の強さ＝激しさは、マグニチュードに、ある計測可能な大きさになります。私の心的状態の空間のなかでの投影は、これを、部分部分に分割可能で量化可能なこうした形式と結びつけるのです。

こうした分析に依拠し、ベルクソンは心理学における強さ＝激しさという語の使用に関し根本的な批判を行い、これによって彼は二種類の複合性を区別することになります。量的で、離散的で、数値によって表される複合性、そして質的で連続的な複合性です。「空間に関わる」すべてのものは第一の複合性に属しますが、第二の複合性は空間化を逃れ、それに抵抗します。空間は質的な異化とは別の異化の原理なのです。空間においてはすべてが数値的に異なりますが、何ものも異なる性質を持つわけではありません。すでに述べたように、ここには古典主義時代のデカルト的・ニュートン的空間の脱性質化の帰結があります。ベルクソンにおいてはこれが、彼が「持続」と呼ぶもの、世界の異質な諸状態についての区別されず分割不可能でさえあるマルチチュードのなかで説明されるのです。これこそが真正の強さ＝激しさであり、純粋な例外なのです。

別の言い方をすれば、ベルクソンの戦略的な運動は、「強さ＝激しさ」と呼ばれるものが真の強さ＝激しさの飼い慣らされた形式のひとつでしかないことを示しているのです。それゆえ、強さ＝激しさの概念を思考するためには強い＝激しいもの〔l'intensif〕を手懐けることに抗する、強く＝激しくないもの〔le non-intensif〕に還元してしまうことに抗する、ある近代のレースに身を投じなければならないのです。その例外的な特性を守るために、思考で戦わなければならないのです。

私たちの手短な系譜学によって質的な変化の観念と電気の煌めくイメージの連合に由来することが明

らかにされた強さ＝激しさの概念それ自体の性質が、この概念に、懐《なつ》きにくい何か、飼いならすことが不可能な何かを通底させたのです。カテゴリー化を逃れるもの、還元されてしまわないものが強い＝激しいのです。それゆえ、この概念を単なる延長の補完物にしようとする思考の最初の試みは失敗しました。強さ＝激しさ〔intensité〕は諸事物のあいだの延長的〔extensif〕な区別の原理から延長的〔extensif〕に区別されるだけでは満足しないのです——というのもそのとき、延長は判事であり、区別の部分でもあるでしょうから。

強さ＝激しさ〔intensité〕を延長〔extension〕における例外と見なすこと。強さ＝激しさをただ主観のうちに位置づけること。それは割り当て不可能なものにひとつの場を割り当てることであり、強さ＝激しさという概念のうちで、観念ではなく電気という祖先によってそれと結びつけられたイメージを否定することなのです。これは暴力的な放電であり、飼い慣らせない何かであり、思考によって把握されたり分類されたりすることがないものなのです。

近代の形而上学の数々が、慎重に、分類と区別の大いなる体系のうちに強さ＝激しさを導入したとき、それらは、羊小屋の中に狼を導きいれてしまったことを、広大な分類的タブローの内部にあらゆる分類と区別の破壊の原理そのものを導きいれてしまったことを疑ってさえいなかったのです。

例外が法則になる

なぜ、そしていかにして強さ＝激しさという概念は単なる形而上学的な例外を表象することをやめてしまったのでしょうか？　それは個別化された実体からなる世界を考えることを可能にしましたが、しかし、この世界はそれ自体のうちに再び閉じこもってしまったわけではありません。確かに、古代の実体は諸事物――人間、木、机――を個別化し、性質化することを認めていましたが、それは数々の物自体をも産みだしており、変化の支柱であり基盤であり、それ自体変化に服するものではありませんでした。その反対に、古典主義的な力〔force〕は自由で普遍的で計測可能な諸効果のうちにおかれる力でした。しかしこれは単一で非人称的なものであり、がっかりとさせられるような、個別化できない、強さ＝激しさを欠いた物質に働きかけていました。

強さ＝激しさは個別化されると同時にそれ自体のうちにはないのです。これは潜在的な力〔puissance〕と力〔force〕のそれぞれの長所を結びつけます。強さ＝激しさは性質化される力なのです。性質を強さ＝激しさの変異のもとで思考する必要は全くありません。強さ、い、い、い、強さ＝激しさの変異、それ自体が性質なのです。

強さ＝激しさは例外から自立し、法則になりました。すべては強く＝激しく、すべては強さ＝激しさなのです！　これが啓示だったのです。それ自体と同一の木は、水面の反映のように、それがあるところのものの深い現実のひとつの効果でしかありません。ある静止した瞬間に空間的な対象として私に現れるのは、存在の連続的な変異であり、生成変化の線の数々なのです。しかし、すべてが強さ＝激しさから生まれると考えるとすれば、もはや木は存在しないでしょう。「それが木化する」諸プロセス以外には何もないことになります。そして、「それは脱木化するでしょう」。木は倒れ、その構成要素は解体されるでしょう。すでに、毎年秋、木はその部分を失います。葉が落ち、若干の樹皮が風によって腐食します。しかし、私が木と呼ぶものは存在の結び目でしかありません。これは乾き、湿気を帯びる土の、生える木々の、高まる樹液の、生きる有機物とその環境のあいだのエネルギーの交換等々の、生成変化の線の、強さ＝激しさの線の結び目なのです。

近代精神の特徴的な諸価値の転覆によって、延長〔extension〕の例外であった強さ＝激しさ〔intensité〕は存在するものすべての名前になりました。そして延長〔extension〕が、強さ＝激しさ〔intensité〕の例外になったのです。

もちろん、本質的に強さ＝激しさからなるこの新しい世界は数々の哲学体系に従って複数の展開を経験しました。ニーチェ、ホワイトヘッド、ないしはドゥルーズは、それぞれに、もはや広がっておらず、結合可能な諸部分から構築されておらず、純粋に強い＝激しい宇宙のヴィジョンを提示しました。その見かけ上安定した諸部分は、私たちが有する有限の知覚の幻想でしかないのです。

かくして、ニーチェ的潜在力の世界はただ強さ＝激しさだけのこころとらえる表象であり、大洋のイメージを持ち、他者なしに存続し、外部を持ちません。存在するすべてのものについてただひとつの巨大な変異し得る強さ＝激しさを思い描きましょう。この存在は対象になるために分裂し、それ自身に立ち返り、見かけ上は主体と客体に分割されます。しかし実際には、広大な大洋的強さ＝激しさ以外には何もなく、これは局地的に揺動しますが、全面的にそうなのではありません。『力への意志』の断章のニーチェにとって、すべてが強さ＝激しさであり、そしてそのために、強さ＝激しさは絶対的なのです。絶対的であるこの総体は変異しません。それゆえすべてが強い＝激しいのです（というのもすべては揺動するのですから）。しかし、強さ＝激しさは除いて。これは絶対的なものなのですから（そしてこれは揺動しないのです）。これは荒々しい力の大洋であり、始まりも終わりもありません。より大きくもより小さくもならないひとつの塊であり、あの「獲得も増大もなく」、「消費も喪失もないエコノミー」なのです。ひとつであり多数である強さ＝激しさは、それ自体に抗して振舞うとき、個別化され、多数の強さ

＝激しさに分割され変異します。こちらでは高まり、それに応じてあちらでは減ずるのです。それゆえニーチェにとっては、何ものも強く＝激しくないのです。強さ＝激しさそれ自体の絶対的な全体性を除いては。世界の内側で、私たちに強く＝激しくないと思われ、それゆえ断固として静的で、自己同一的と思われるものは、弱い強さ＝激しさの見せかけの効果でしかないのです。現実において、強さ＝激しさは反対物を持ちません。というのも、強く＝激しくないものは、存在の強さ＝激しさの最も弱い度合いでしかないのですから。「強さ＝激しさ」という語のこの意味において、絶対的なものの反対物と思われるものの絶対化が理解されるのです。すなわち、変異〔variation〕が。変異それ自体だけが変異しません。対象や概念、ないしは観念の永続性の仮象は普遍的な強さ＝激しさの策略でしかなく、それ自体でその無限の可能性のひとつを実験するために局地的に減じているのです。このことから、フーコーら二十世紀のニーチェ主義者たちの眼には、構築的な主体ではなく、「主体化のプロセス」が存在することになるでしょう。すべては根源的に歴史的な変異に属し、系譜学によって、ひとはその異なる契機を再び見出すことができるのです。しかし根底では、自己と同一的な存在などなく、強さ＝激しさの数々があるのみなのです。それゆえ、大原則の優先順位が逆転したのです。強さ＝激しさが自然的で一次的なものになり、自称「自己同一性」が構築された二次的なものになるのです。

　ところでこうした着想は、モデルニテにおいてもはや存在論を作りたくないと思う者たちの多くに暗々裏の存在論（すなわち諸事物それ自体の存在についての理論）を提供しました。実際に、私たちの知覚の外には何ものも即自的には存在しない、と言われていたのです。何ものも同一的ではありません――すべてが異なり、すべてが強い＝激しいのです！　強さ＝激しさの外部には何もありません。単純で、不変で、恒久的で、永久的な実体の数々についての私たちの表象は安定性の見せかけでしかありません。これは私たちの限られた歴史的知覚に従うものであり、弱く強い＝激しいだけのときにも、絶対的に強く＝激しくないものという幻想を与えるのです。

ただひとつの巨大な強さ＝激しさしかない限りにおいて、この強さ＝激しさは——他の何ものとも比較可能ではないのであり——増加も減少もせず、それゆえ存在の総体はより多くより少なく実存するのでは全くないのです。強さ＝激しさがマルチチュードになる世界の内部においてこそ、ある強さ＝激しさが増大し、それにつれて別の強さ＝激しさが減少するのです。それでは世界とは何でしょうか？　総体ゼロの強さ＝激しさのこうした戯れ以外の何ものでもないのです。

以上がニーチェの祈りです。しかし、こうした普遍的で永遠の強さ＝激しさという最初のヴィジョンを第二のヴィジョンが補完します。そこでは総体ゼロの戯れではなく、強く＝激しく、常に創造的な過程それ自体が問題になります。この第二の意味において、ひょっとしたらこれはホワイトヘッドの『過程と現実』において最も良く説明されることですが、存在の複合的な強さ＝激しさは一般的な過程に参与し、この過程で絶えず新しいものが現れるのです。すべては強い＝激しい、すべては変化する、あらゆる事物は複合的な強さ＝激しさの一時的な「合生《がっせい》＝具体化」〔concrescence〕である、という意味において。こうした複合体の数々は互いに結合し統合し、その結果として生まれる統合が複合体に付け加わるのです。このように、分子は原子の動的な社会であり、原子はそれ自体プロトンやエレクトロンの動的な社会であり、これらはより基礎的な力の微粒子とベクターの社会なのです。事実、それぞれの元素はある結果ですが、単なる算数的な合計ではありません。これは、ある分子の形成がそれを構成する諸原子の状態に作用するというような仕方でその固有の部分を変換する、ある活動的な全体なのです。ふたつの実体の関係はさらにひとつの実体であり、これは最初のふたつに付け加わり、以後、三つの要素の新しい緊張関係の可能性を生み出します。ホワイトヘッドの存在論において、活動的な諸概念は常に高い評価を与えられています。合生＝具体化〔concrescence〕は過程であり、その達成された結果である具体的なもの〔concretum〕以上のものなのです。これについて、非常に単純な文法的確認をすれば、これらの強さ＝激しさの哲学は、しばしば、constituting や creating のような現在分詞が、自動的に、constituted や created のような過去分詞に勝るような哲学として位置づけられてきました。存在はまず過程であり、過程の達成ではないのです。強さ＝激しさに関するこうした創造的なヴィジョンは、自然の存在が「常にすでに」構築されたものであることを拒否し、構築されたものは起源ではなく生成の産物である、と考えた近代の全精神を方向づけました。このときひとは、まず固定された実体が存在し、その関係が機械的にそこに付け加わるというような仕方で強さ＝激しさがふたつの同一物のあいだの緊張関係であるのではないことを発見します。実際、世界のあらゆる見かけ上の同一物は強さ＝激しさの産物なのです。変異されたものが変異させるものの産物であり、その逆ではないように[1]。

より具体的にはドゥルーズのそれにあたる第三の、そして最後のヴィジョンでは、強さ＝激しさによりこの変異が「純粋な差異」と名付けられることになります。すなわち、差異の差異です。電気の強さ＝激しさはふたつの極のあいだのポテンシャルの差であることを覚えているでしょう。しかし、『差異と反復』におけるドゥルーズは、科学者たちが語るこうした強さ＝激しさは必ずしも形而上学者たちの

(1) ホワイトヘッドの用語の翻訳を確定する際、専門家の飯盛元章氏に懇切丁寧な教えを賜った。記して感謝する。参考文献として一冊、氏の研究を挙げる。飯盛元章『連続と断絶　ホワイトヘッドの哲学』人文書院、二〇二〇年。

強さ＝激しさではないことを指摘しています。電気の強さ＝激しさはほとんどの場合物理学の指標でしかないのですが、これによって真の強さ＝激しさを思い描くことが可能になります。電気の強さ＝激しさは電荷の差異に存する以上、それぞれの電荷は、それ自体、ある差異の結果であると考えなければなりません。形而上学的な強さ＝激しさはここでは止まることはありません。「強さ＝激しさ」という表現によって理解すべきはふたつの同定可能な実体の差異ではなく、ふたつの項のあいだの差異なのです。ふたつの項はそれ自体、ふたつの項の差異の効果でしかなく、このふたつの項もまたそれ自体……という風に続いていきます。

これらのヴィジョンの各々において、存在の最初の性質としての強さ＝激しさの戴冠式は巧みな転覆であると指摘されてきました。かつては、強さ＝激しさは広がり、量化可能で計測可能な世界の知覚の効果と想定されていましたが、以後は、諸事物のこうした延長的な仮象はその現実の効果でしかなく、これは根源的に強い＝激しいものであるとみなされるようになります。すべては強い＝激しい——しかし、私たちの知覚が安定化の諸効果を生み出すのです。これは私たちの認知や言語活動、文法に起因するものですが、これらが空間のなかで区別され、時を超えて同定可能な、そして何度も同定可能な、諸対象の総体の仮象としての強い＝激しい宇宙を、私たちに見させるのです。

こうした幻想の外に出るためには、ドゥルーズのプログラムが宣言していた通り、「すべてを強さ＝激しさで解釈しなければならない」のです。事実、こうした独自の形而上学的ヴィジョンを超えて、人間のあらゆる知は、こうした暗々裏の命令に少しずつ気づかされていたのです。古代の人間が実体の宇宙で生きるよう形作られていたのと同じように、そして古典主義期の人間が力によって統制される世界に生きるよう形作られていたのと同じように、近代の人間は、少しずつ、強さ＝激しさの世界で生きるよう形作られていったのです。そしてすべての認識が、こうした要請に応える仕方で再編成されることになったのです。

すべてを強さ＝激しさで解釈するために

純粋に強い＝激しい世界というこうした形而上学的な表象は抽象的なものにみえかねません。しかし、私たちの知の分類的なカテゴリーの危機は、こうした形而上学的な強化＝激化の直接的で確認可能な効果なのです。

思考において、もはや実体と性質から作られたのではない世界に住む私たちは、根源的な実存者として、差異、変異、強さ＝激しさをしか認めないことを学んだのです。こうした理由から、生物についての諸科学におけるモデルニテは、徐々に、有機物を部分部分に分類することを断念するようになりました。あたかもそれらが定まった種に属するかのように、あたかも私たちが総体の数々のうちにそれらを並べることができるかのように、科学によって描かれ、無数の升目のなかにあるかのように空間の内で切り分けられた広大な空間で生きるものすべてを表現することができるかのように、そうすることを断念したのです。分類化のこうした着想は近代のそれではなく、古典主義期のプロジェクトに応えるものなのです。世界の中でより現実的に存在していたものを単純で一定で永続的な実体というよりは変異によって構築されたものと考えることで、近代精神の前衛は、知の大部分において、有機的かつ非有機的な現実を、安定的な同一性においてというよりは強さ＝激しさにおいて、変異においてみることで解釈することに専心したのです。例えば、一般相対性理論においては、宇宙の線を規定するのはもはや物理的対象ではなく、宇宙の線こそが物理的対象を定義するのです。さらにまた、生命について知るために進化に関する新ダーウィン主義の理論に従い、固定の種に秩序付けられた空間に有機物を分類するという考えを断念し、「種形成」の過程を考察しました。特異な本質などなく、ただ生命の一般的な進化の異なる枝分かれの連続的な変異のうちに閾値の効果があるだけなのです。それでは、生命のこうした変異する強さ＝激しさのなかで、単純にして固定の人間性をいかにして切り分けるべきなのでしょうか？分類はもはやこうした魔術的な操作を認めることはありません。生きるものの総体の上で、境界ではなく、系譜学的な線を引くのです。ところで、ある線はある連続的な幾何学的現実であり、私たちは皆、モデルニテによって、こうした変化の固定的な基盤というよりは漸進的な変化の数々を思い描くよう差し向けられているのです。人間はもはや超えることのできない種の線によってほかの動物たちと切り離されるのではなく、人間それ自体が変異のひとつの線であるのです。

以後、知の数々によって私たちは異なる延長のあいだの境界にではなく、こうした強さ＝激しさに注意を向けるようになります。近代の問いはもはや「人間はどこで始まり、どこで終わるのか？」ではありません。問いは「いかに人間は構築されたか？」そして「いかに別物になるだろうか？」になるのです。

種〔espèce〕が種形成〔spéciation〕に場を譲ったのと同じように、ジェンダーや性別も、ジェンダー化、ないしは性化の過程に場を譲りました。もはや、人間性という全体から絶対的に切り離された部分として男や女を語ることはまったく可能ではなくなりました。なぜなら、私たちの奥底に見出されるものは、すべて、ジェンダーのパフォーマンスの仮面の下にあり、変異する強さ＝激しさなのですから。「それは多かれ少なかれ女性化されている」ないしは「それは多かれ少なかれ男性化されている」といった具合に。ジェンダーは行為に対応するため、もはや名詞ではなく、動詞なのです。これが強さ

＝激しさに関する現実です。私たちの近代的な知と実践は次のような原理に基づいています。同一性は常に効果である。真に存在するのは強さ＝激しさである。こうして例外者であった強さ＝激しさは私たちの認識の基本的な法則になったのです。私たちは現実的には分類と文化的構築の外部に存在する者として、同一性ではなく差異を、絶えざる変異を、流れを、進化を、認めるのです。

ところで、私たちの知のこうした原理には歴史があります。系譜学に対する私たちの嗜好もまた系譜学を持つのです。固定、絶対、永遠として提示されるものすべてに対する私たちの軽蔑は、固定的でも絶対的でも永遠でもないのです。これらすべては私たちの類型に、ほとんど人間性に関する私たちのスタイルに関わっており、これがその認識のすべての暗々裏の原理として強さ＝激しさを採用したのです。私たちの知は――種の、類の――強さ＝激しさにとりわけ注意深くなり、古典的な同一性の脱構築に取り組んだのです。これは終わりなき過程でした。というのも、こうして同定されたすべてのものは、次は、より根源的な強さ＝激しさのうちに解消されるのですから。ある強さ＝激しさは知によって同定されるや否や硬直したものになり、批判されるべきものになります。それがどの現実的な強さ＝激しさの観念的な効果なのか、社会的・歴史的構築物なのか、明らかにする必要があるのです。そして、あらゆる同一性を強さ＝激しさとして考え直すこうした推進力が、近代的な知のエンジンとなる熱狂だったのです――それが故障するまでは。

強さ＝激しさを保持するために

強さ＝激しさという概念が二十世紀の科学・芸術において一般化されるのに従い、こうした前代未聞の困難が表面化しました。逆説的ではあるのですが、強さ＝激しさの絶対的な勝利は、ほとんどすぐ、その敗北を指すようになると思われるのです。強さ＝激しさの絶対化はその無化なのです。あらゆる領域で、何かの強い＝激しい特徴の認識は、次のような望ましくない効果を表明します。ひとたび特定されるや否や、強さ＝激しさはすぐに強さ＝激しさとして認識されることをやめる、と。

これは強さ＝激しさという概念それ自体の中心にある支払うべき対価なのです。同一的なもの、質量化可能なものの野性的な例外と見なされた強さ＝激しさが機能するのは強化＝激化としてのみなのです。強さ＝激しさとして特定されるならば、強さ＝激しさはもはやそれ自体ではありません。それゆえ、同一性に取って代わることにより、強さ＝激しさは強い＝激しいことをやめるのです。ここで描かれる逆説はよく理解されることでしょう。同一性を逃れるものの概念化としての強さ＝激しさは、それが受け取ったばかりの同一性をすぐに失うことなしに、特定されることはないのです。強さ＝激しさは持続しない、とひとは単純に言うでしょう。それであることに近づくことでそれを失うのです。なぜでしょうか？　というのも、強さ＝激しさは概念に抵抗するものの概念それ自体だからです。強さ＝激しさは、生成するものの、変わるものの、同一視できないものの何かであるという事実それ自体に抵抗するものの概念だからです。それゆえ、強さ＝激しさの思考による絶対化は、すべてが強い＝激しいという着想は、宿命的に、概念の偏向した脱強化＝激化にいたります。すべてが強く＝激しくなればなるほど、一層、この強さ＝激しさはそれ自体でなくなってしまいます。強さ＝激しさはその正反対になるのです。すなわち、法則や規範、世界の実体の数々の計測や切り分けの普遍的な原理に。即自的に存続する存在、その固有の存在を支えているとされる存在を意味していた実体という古代の概念とは反対に、強さ＝激しさの概念は、ある種のはかない存在を指します。これは存在し始めるともはや存在せず、それがあるところのものではまったくなく――これが支払うべき対価なのですが――強さ＝激しさは自分自身では持続せず、それゆえ、それが現れると消えてしまうものなのです。

間違いなく、強さ＝激しさという近代的な概念の力は観念と電気のイメージの想像を超えた結びつきに関わっており、観念に一種の野蛮さを、尊大で飼い慣らすのが難しい特性を、衝撃や感動、興奮の必然を導入しました。この新しい逆説的な概念に場を譲らなければなくなったとき、そのイメージからやってきたこうした特性は、純粋な性質的変化の観念がもはや欠如としてではなく性質としてみなされることを可能にすることで、観念を割り当てられないものにしたのです。強さ＝激しさは、ひとがそれに割り当てることができたあらゆる機能よりも強かったのです。電気のイメージの潜在的な力に由来する何かは、純粋な変異や性質的な変化、連続的なものが、もはや区別や質量、ないしは数から数値的に識別されるだけでは満足できないようにさせたのです。「強さ＝激しさ」は還元不可能な何かの、世界の合理化や延長化の企てから逃れるすべてのものの、近代的な名前になりました。近代精神にとっては、質量に還元されないものを、潜在的に別の事物と等価ではないものを、すなわちこうした別の事物の同一的な質量と交換可能でないものを指し示すことが問題だったのです。結局〔＝考慮の末に言えば〕、考慮〔compte〕から逃れるものすべてが強かった＝激しかったのです。「強さ＝激しさ」という言葉によって合理主義の企ての盲点を、すなわち何かのそれ自体との比較の原理そのものを理解していたのですから。古代においては支えとなるものが実体の概念であった同一性が、強さ＝激しさによって置き換えられたのです。そしてすべてが強さ＝激しさになったのです。こうしてすべては力強く、性質化され、異なり〔différent〕ますが、区別〔distinct〕はされないものになったのです。すべては価値を有しますが、考慮されたり＝数えられたり〔compté〕、数え上げられたり、交換されることはなくなったのです。

しかし、それが「強さ＝激しさ」として認められるや否や、もはやそれとして存在することはなくなり始めました。

強さ＝激しさは絶対化されました。近代の強さ＝激しさのいくつかの偉大な形而上学（ニーチェ、ホワイトヘッド、ドゥルーズ）のうちだけではなく、とりわけ人間の知の数々にもはや安定した実体ではなく過程をカテゴリー化させることになった具体的な操作の数々のうちで。その絶対的な勝利の瞬間においてこそ、強さ＝激しさはその概念的な欠如を明らかにしたのです。精神がすべてが強い＝激しいことを思い描くや否や、強さ＝激しさは特定されたものになりました。何かしら脱強化＝激化する方法で。もちろん、こうした脱強化＝激化には時間がかかります。しかし、これは強さ＝激しさの、この同一性の逆説の、概念化それ自体の不可避の帰結だったのです。

あらゆる強さ＝激しさをすでに脅かしているのはその思考でさえなく、その知覚であるように思われます。ある強さ＝激しさが知覚されるや否や、その何かが失われます。というのも、特定され、特定し直されるからです。それゆえ知覚されるためには、あらゆる強さ＝激しさがだんだんと無力化されることを受け入れなければなりません。しかしながら強さ＝激しさを構築するこうした弱さは、それによって伝えられなければならないにもかかわらず、すぐに知覚のなかで失われ、強さ＝激しさの変貌を、形而上学的概念から道徳的価値への変貌を、説明する隠された定式になったのです。それゆえ、絶対的な認識の領域における強さ＝激しさの概念の歴史と並行して、この概念を支えるための知覚や生にとっての強さ＝激しさという理想についての歴史が書かれたのです。

というのも、すべての強さ＝激しさが滅びるのは私たちの知覚によってであり、しかし、それが生き延び得るのもまた私たちの知覚によってなのですから。知覚された強さ＝激しさがそれ自身では持続することができない以上、それを延長するためには、ある主体の、それを具体的に知覚する誰かの介入が必要なのです。その強さ＝激しさを支えるための生きる存在なくして強い＝激しい世界はないのです。

　それゆえ、強さ＝激しさを維持するためには戦わなければなりません。単に世界を知覚すればいいのではなく、絶えずその強さ＝激しさを移動させるという仕方で、特定されているものをまだ特定されていないものによって置き換えるという仕方で、働きかけなければならないのです。近代的な主体は強い＝激しい世界を主張するだけでは満足することができませんでした。不活動によってその強さ＝激しさを完全に吐き出さない限りは。受動的で観察する主体は、純粋な中性的な主体は、すぐに世界をほんのわずかの強さ＝激しさもない、消尽した、完全に特定された、終わったものにしたことでしょう。世界の主体が存在したときから、この主体は彼自身、強さ＝激しさという理想によって動かされる必要があったのです。世界を構築する強さ＝激しさを維持するためには。

　近代的な精神にとって、強さ＝激しさという概念は誘惑的な何かを持っており、再び主体を必要なものにしたのです。主体性はボードレールの詩のように、短刀でもあり犠牲者でもありました。主体性は認識によって無力化されたあらゆる強さ＝激しさを破壊する道具でもあり、世界を生き生きとしていないものにするこうした破壊に苦しむ最初の者でもあったのです。しかし、有罪者にして犠牲者たる主体は、同時に、救済者でもありました。最も強い＝激しい世界は、生きる存在たちの知覚に届けられるものであり、完全に平らになることで終わるでしょう。ただ主体性だけが、それを救うことが出来たのです。あらゆる事物のうちに何らかの強さ＝激しさを探すことを、死した強さ＝激しさを生きる強さ＝激しさで置き換えることを、親しみや習慣、同一化によって化石化される危機に瀕したものを絶えず再活性化させることを、新しいものを、前代未聞のものを、電気的な何かを、存在のうちにそれを固定させないようにする何かを、計測可能な延長〔extension〕のうちに強さ＝激しさ〔intensité〕を、量のうちに性質を、求めることを理想として身を投じることによって。

それゆえ保持されるために、新しい世界の強さ＝激しさは新しい主体の形成を必要としたのです。すなわち、強い＝激しい人間の形成を。

4　道徳的な理想——強い＝激しい人間

新タイプの電気人間

強さ＝激しさの道徳なくして強さ＝激しさの形而上学はありえません。まず、少なくとも英雄的な主体が必要でしょう。それは差異と変異と、流れと、エネルギーの放出と、力の戯れの世界を耐え忍ぶ主体であり、安定した同一性や永遠の観念、そして休息のパースペクティヴをもはや信頼せず、ある絶対的なイメージのなかで生成から、変化の強い＝激しい流れから身を守る主体なのです。それゆえ、一種の勇敢な、あらゆる偽善をも剥奪された存在を想像しなければなりません。この主体はそれが現実にあるように世界を思い描き、強さ＝激しさでしかない世界のこうしたイメージを支えるのです。この世界においては何ものもそれがあるところのものには留まらず、すべてがより多くより少なくあるのです。次に、世界に関するこうした着想は、それなしでは強さ＝激しさが失われてしまうような、時を通じて自己を維持することが決してできないような、主体の出現を要請します。あらゆる強さ＝激しさはそれ自体としてははかないもので、実現されると無力化されてしまうものであるために、強い＝激しいすべてのものは存在に還元されないものであるために、ある主体が活発に助け、それが知覚するあらゆる強さ＝激しさ――色、音、観念――を支え、サポートしなければならないのです。そして、こうした強さ＝激しさが誤って同一性や量に身を落とすことがないように、この主体は徹底的に戦う必要があるのです（なぜならこの主体は感じているのですから。それは思考しているのですから）。それゆえ、強い＝激しい主体が必要なのであり、強さ＝激しさを啓示するイメージが電気である以上、電気的な主体が必要なのです。

　それゆえ、近代の生において電気が有する重要性に釣り合うように、新しいタイプの道徳が現れました。電気人間です。簡単な肖像を作成しましょう。電気人間は恩寵の約束や救済、ないしは真理の探究にはもはやこだわらない存在であり、この存在は他の生によって救い出してもらうことなど期待せず、最初のものよりも優れた別の実存的パースペクティヴでその実存を方向づけることもなく、もはや唯一の方向にしかその努力を向けないのです。すなわち、いつでもより強い流れによって横断された同じ身体・同じ生を光り輝かせるような方向に。この人間はその知覚を観念と比較することはなく、その知覚のうちにそれ自体と比較するための素材を探し求めます。それらを刺激するために、そしてそれらを少しだけでもより生き生きと、より煌めくものにするために。この人間はいかなる存在をも別の存在と関係づけることがなく、いかなるものも、誰も、それがそうでないところのものでないことによって非難することはありません。この人間はただ可能な限りエネルギーをもって、輝きをもって、それらにそれがすでにあるところのものであることを命じるのです。この人間は自然のなかに即自的に劣化するものも、実存するに値しないものも見いだすことはありません。実存するすべてのものは実存することができ、そして実存すべきなのです。自然の一見すると怪物的にみえる部分も含めて。しかしながら、すべてはそこに備給し得る最大限のエネルギーをもってそれであることに努めなければならないのです。有機的な存在として、私たちの人間はその自然な性質を強化＝激化する使命を有しているのです。すなわち、その生命にかかわる機能を、代謝の諸可能性を、五感を、快楽を感じる能力を、感情移入を、ないしはその自立を。この人間はその存在のうちに、誰のそれであれ存在のうちに、いかなる欠如をもみません。この人間はただ、それを絶対的にではなく、彼に可能である最も厳密な仕方で実現することを求めるのです（というのも何ものも達成することはないのですから）。この人間が望むのは完成の、その能力や感覚作用や着想の強化＝激化の最大限の度合いを目指すことなのです。「強い＝激しい人間」ないしは「電気人間」という表現によって、私たちは十八世紀に構築された人間像に関するこうした前衛的形式を理解します。これは劣化したものを、身体と思考のあいだの、そして生理学と精神のあいだの亡霊と生の連続性を受け入れ、それによってこの形式が知覚の数々の強さ＝激しさを支えることができる――友好的な、エロチックな、政治的な、ないしは高尚な――経験を多様化することを目指します。退屈、さもしい計算、普通であること、同定に抗する死闘を、そして二十世紀には実存の近代的官僚制度化のようなものに抗する死闘を開始することによって。

モデルニテの強い＝激しい人間は伝統を警戒します。近代的な精神が新規さの必要を保持していたのはとりわけ次のような理由のためです。身体と精神の火を燃え上がらせなければならない。古い強さ＝激しさが特定されるにつれて、こうした火が絶えず、新しい強さ＝激しさを要求するのです。未知のものの火はすでに見たものの灰に移行します。というのも、世界が強さ＝激しさによって満たされるのはひとが絶えずそれを満たし続けるときだけなのですから。

放蕩者、神経人間

「彼らの言うところでは、われわれは興奮することを望む、それこそが、快楽に身を委ねるすべての男の目的であり、しかも興奮するならもっとも激しい方法でそうしたいと。この点から出発すると、われわれのやり方が、われわれに奉仕する相手の気に入ろうが入るまいが、そんなことは問題ではない。問題は、できるだけ強烈な衝撃で、われわれの神経全体を揺さぶるということだけなのだ。ところで、疑問の余地のないことだが、苦痛は快楽よりもはるかに激しい興奮を与え、他人に生じる苦痛がわれわれにもたらす衝撃は、とくにより強烈な振動になるだろう。またこの衝撃は、われわれの内部で、より力強く鳴り響き、動物精気をより活発に循環させる。するとこの動物精気は、特有の逆行運動によって、身体の下部に送られて、やがて官能の器官を刺激し、これらの器官を快楽に委ねさせる。[1]」「当時のより一層の人間たち」を、未来の人間たちを考えながら、サドが『閨房哲学』のなかで書いています。

サドが発見するのは、神経の揺さぶりの原因が、ないしは目的が、常にその強さ＝激しさよりも決定的ではないことです。最終的には、私たちが「役立つ対象」に感じさせるのが快楽であろうと苦痛であろうと、官能であろうと苦悩であろうと、喜びであろうと悲しみであろうと、重要ではありません。重要なのは私たちが感じるものの強さ＝激しさだけなのです。なぜなら、ある別の人間のうちの苦悩の暴力的な放出でさえ、私たちの諸感覚に電気を帯びさせ呼び覚まし、それらを快楽のうちに置くでしょうから。それゆえ、サドの偉大な考えに従うならば、快楽は快楽そのものに関わる以上に、その力に、ないしは苦痛の力に関わるのです（そして苦悩が「快楽よりもずっと生き生きと働きかける」ことも指摘されています）。生きるものは根源的な価値として興奮を認めます。これは他の人々にとっても自己にとっても、道徳的ないしは非道徳的なその対象や特性を捨象することです。そしてまた、ひとは強い苦悩のうちに弱い快楽から引き出されるそれよりも上位の快楽を手にするのです。というのも、感じられるものの強さ＝激しさこそが生についての唯一絶対の尺度なのですから。生きるものは、それが感じるものの衝撃の力によって生きていることを実感するのです。無感覚になった生きる存在は苦しみも少ないですが感じるものも少なく、より少なく生きることになるのです。ところで、こうしたサドの法則は感じられる身体の電気的な性質の発見に関わっています。神経的な衝撃は電気の組織のうちで拡散され、その強さ＝激しさは神経の興奮に従って変異し、これにより、ある存在がより多くより少なく実存していることを実感することを説明することが可能になるのです。「快楽は官能の、ないしは官能的な対象から発散される分子の衝撃でしかなく、これが私たちの神経の窪みの内で循環する電気の粒子に火をつけるのです。それゆえ、快楽が完成されるには衝撃が可能な限り暴力的である必要があるのです。」サドの小説において、放蕩者サン＝フォンがジュリエットに説明しています。

信仰者や哲学者の敵対者であり対話者でもあった十八世紀の放蕩者は、世界に関する唯物論的着想の提唱者です。恋愛と性に関する実験の信奉者です。しかし何よりも、放蕩者は近代西洋における最初の電気人間を具現しているのです。神経的であること、あるいはむしろ生の本質的に神経的な特性はある流れが人間の器官を通過することの明白な表現なのです。他の感じる動物たちと同じように、苦悩や苦痛の主体である人間は神経的な創造物です。放蕩者はこうした神経性に従ってその実存を調整することを使命とし、その神経から、『ダランベールの夢』におけるディドロの有名なイメージに従えばその

（1）マルキ・ド・サド『閨房哲学』関谷一彦訳、人文書院、二〇一四年、九七‐九八ページ。

「感じる繊維」から、身体という生きるクラヴサンの振動する弦を生み出すのです。ドン・ジュアンからカサノヴァまで、クレビヨンの登場人物からラクロのそれまで、最初の唯物論者からサドまで、強い＝激しい人間の形象はある神経的な存在のそれであり、こうした形象は実存するというその固有の身体感覚を強化＝激化するために、他の人々に対し、自分自身に対し、実験することを学ぶのです。こうした感覚の強化＝激化以外にほかの道徳的規範を認めない放蕩者は、死後の生や死における生を欲望することはありません。そうではなく、放蕩者はこの語の正確な意味において二倍生きることを望むのです。普通の人間よりも二倍生きることを。これは以下のように書くとき、コンディヤックにおいてすでにみられる主題です。「彼にとってはその存在が増加する、二重の実存を得るように思われる」のです。

まずは十七世紀の唯物論哲学者のように、それから十八世紀のサロンの実験者のように、放蕩者は前衛をより多く生きることを希望する人間像の一形式に役立ちました。そしてそれが知っていること、欲望すること、信じていることをその神経に調節し、神経システムを揺さぶる振動の強さ＝激しさでその感覚の、思考の、対象の力を計測するのです。

放蕩者とは、その固有の器官のこうした強さ＝激しさを支えることができる人間であり、あらゆる真理の価値を、その神経に働きかける多かれ少なかれ大きな興奮から演繹する人間なのです。生きる身体にとっては、それを神経的に打つものの、それに快楽ないしは苦痛を得させるものの、強さ＝激しさを計測するという以外に他の原理などないのです。道徳が要請するのは絶対的で永遠的な観念の尺度で私たちの行為を計ることではなく、神経全体にわたりそれが発生させる流れの強さ＝激しさに従って私たちを打つ印象や観念の強さ＝激しさを見積もることなのです。

ロマン主義者、雷雨人間

ところで、放蕩者の神経はじきに人間の身体の外に出て、自然全体のうちに根を張るようになります。ロマン主義者はある意味においては放蕩者ですが、村やサロンを捨て、その身体の外部である種の自然全体の神経性を発見します。これはしばしば雷雨によって明かされました。シュトゥルム・ウント・ドラング〔直訳すれば「嵐と衝動」〕の嵐と情熱の詩人です。十八世紀の終わりから十九世紀の始まりにかけての強い＝激しい人間は自然の強さ＝激しさを支持するのですが、これはあたかも空にあるかのような神経の内で響き渡るものなのです。これこそがバイロン卿が荒々しい天気によって作った叙情詩が思い起こさせるものです。「雲がはちきれる。空が火で横切られる。おお、恐ろしい瞬間だ！」「早く起きろ、望まれた雷雨よ！」とルネは叫びます。「明日、雷雨がやってくるだろう」とユゴーはこれに応えているかのようです。

　こうしたロマン派詩人の啓示はしばしばひとめぼれに伴うものですが、これは、詩人を自身の内部の電気へと再び導く自然の電気や雷鳴、雷電の突然の啓示とも結びついています。放蕩者やロマン派詩人たちはジャン・ドプランが「強度主義」〔intensivisme〕と呼ぶことを提案する、あの道徳的理想のふたつの形象を具現することになるでしょう。これは天気と幸福、人格に関する着想に関わるものです。この痕跡はすでに、ルソーないしはサドのうちに見出すことができます。こうした着想は、もはや、実体的ではない自己との同一性の発見と結びついており、神経と魂が絡み合った運動に属するものであり、これこそが人格の深い変動を説明するのです。海の底の強い流れのような変動を。感受性や動物的生に関する生理学的・哲学的研究を遂行する医者ド・セーズが指摘するように、「あらゆる他者たちの基礎にあるこうした感覚作用によって、ひとはそのとき実存していることを保証される。単にそのことがわかるためではなく、そのことを感じるために。こうした感覚は幼少期には生き生きとしているが、大人になるにつれて魂の騒々しい運動のなかで失われ、あるいはむしろ混ぜ合わされてしまう」のです。まさにこうした自己の感覚が十七世紀の思想家たち、メーヌ・ド・ビランやカバニスに取りついているのです。ビランは自己の絶対的な感覚を努力の強さ＝激しさの内に見出します。まさに自己を見失おうとする人間こそが生き生きとした感覚を、実存することの、それ自身であることの議論の余地のない感覚を手にするのです——こうした感覚について、抽象的な思考は確実性を得ることが決してできないでしょう。

紛うことなく自分であるということをいかに確信できるでしょうか？　これがここで現れる重大な問題であり、これに対し強い＝激しい人間の形象は、放蕩者ないしはロマン主義者は、行為によって返答を提示します。純粋な思考は私たちに自分自身との照応を、すなわち、私たちの自己同一性を保証することはありません。なぜなら自己同一性はもはや実体的なものではなく、強い＝激しいものなのですから。それから、私を減じ私自身という最大限の感覚から私を引き離す社会生活を考慮にいれなければなりません。こうした無感覚に抗し、ただ強烈な内的運動だけが、全存在の努力だけが、その最も深い意味と最も上昇した度合いとを自己に取り戻させるのです。放蕩とロマン主義は、年齢や社会化とともに常に減じる危険性がある、実存の強い＝激しい感覚の維持と強化に関するこうしたプロジェクトの、道徳的・恋愛的・政治的な巨大な実験場となるでしょう。トラブルの不在や平和、ないしは精神の平静と同一視される古代と古典主義の幸福は、啓蒙主義の時代に、生の力強く興奮した感覚へとその場を譲ることになります。「生がより強く＝激しくなることは、いつも、幸福の増大を意味するのだ」とスタール夫人は書いています。こうした生の強さ＝激しさは新たな神経的感覚であり、ロマン主義的精神においては、内部の自然と外部の自然を結び直し、私と雷雨がエネルギー的に類比されることを説明するのです。

ロマン派詩人は、猛り狂った諸要素のうちに、原始的な電気の形式や、理性と社会の単調さよりも力強い存在の充溢を発見し、その道徳的な実存のモデルを自然のこうした強さ＝激しさに求めるよう決めるのです。電気の嵐はそれに真の内的な自己同一性を、波乱にとんだ道徳的な性質を明かすのです。ゲーテのウェルテルを考えてみましょう。「巨大な宇宙の素晴らしい形式が動き、私の魂の奥底であらゆる創造を活発にさせていたのだ！　大きな山が私を取り囲み、私の前に深淵が開かれ、雷雨の奔流が流れ落ちるのだ。」

神経から雷雨へ、個人の組織から自然の総体へ、こうして引き延ばされた強さ＝激しさの道徳的理想は、じきに、技術の世界や文化の世界と交流することになるでしょう。一八三五年の日付を持つ小さな絵画において、雷雨を、雪の嵐を、苦悶する空を、打ちつける雨を描いたターナーは、その表象の数々に常に現れるようにみえる雷電の電気的な性質を明白に表しています。ヴェネツィアのピアツェッタで、ドゥカーレ宮殿の前で、サン＝マルクのドームと国立マルチャーナ図書館を半分照らす光は空を引き裂き、サン＝テオドールの彫刻を支える円柱とサン＝マルクの翼が生えたライオンが立つ円柱のあいだにほとんど電気のアーチを形成しているようにみえます。ところで、ある奇妙な一致で正確に同じ年の一八三五年に、スコットランドのジェームズ・ボウマン・リンジーが最初の白熱電球を発明しています。電荷の連続的な流れが二つの極のあいだに火花を起こしますが、これはほとんど目をくらますようなものです。この発明者はその発明を委託することも保護することもなく、この発明は数十年後になってエジソンによって商品化されることになるでしょう。特に、リンジーの電球は真空ではなく、輝く火花を際限なく引き伸ばすことは出来ません。しかし、この最初の原始的な電球が姿をみせるのと同じ年にターナーがヴェネツィアで雷雨を描いており、それは一種の自然の電球のようであり、モデルニテの未来の道具を予示するものであるようなのです。そしてこれが、ヨーロッパの古典主義文化を象徴するドゥカーレの旧市街の風景のなかで幻影のように投影されているのです。サン＝テオドールとサン＝マルクの円柱が前もってふたつの導線を作っていると言うこともできるかもしれません。このふたつのあいだで白熱フィラメントが、ここでは雷雨の光が輝くのです。そしてこの奇妙な巨大電球の口金が、サン＝マルク広場ということになるでしょうか。

その後、真空が電球のなかに入りその使用を持続可能なものにすることになります。しかしここでは、ターナーの筆の下では、まだ風の通る場所にある白熱電球が見て取れるように思われるのです。ブルジョワ社会と自然エネルギーのあいだで交渉されたこの絵の雷雨のようなランプは、ひょっとしたら、自然におけるエネルギーの探求をやめなかったロマン主義の終焉と、そこから実践的で、社会的で、進歩のエンジンとしての使用を生むモデルニテとのあいだにある、正確な蝶番を示しているのかもしれません。電球は根源的な雷雨であり、じきに抑圧され、制御され、釣り鐘型のカバーの下に置かれ、夜、私たちの街を照らし、人間たちに暗闇のなかで移動し働くことを可能にするのです。

強い＝激しい人間の、私たちの道徳的な形象の発展はこのように要約することができるかもしれません。放蕩者はその身体の神経的な電気を支えます。ロマン主義者はその身体組織のミクロコスモスとマクロコスモスの雷雨的自然のなかに、神経を介し、類比を発見します。近代の人間は、それ自身、この雷雨をカプセルに入れ、真空の内に置き、技術的な目的で役立てるのです。

ロック歌手、電化された青春期の若者

諸対象の電気化は強さ＝激しさの理想を変え、強さ＝激しさは自然的世界から技術的世界へと移動しました。これは逸話的なものからは程遠いものです。いくつかの楽器の、それから特にギターの電気化を考えてみましょう。

ジャズ・オーケストラにおいて、ギタリストたちはますます豊かになる金管パートの真ん中で自分の演奏を聴かせる必要性があり、これが音の振動を増幅させる可能性と結びつき一九一〇年代以降の一連の試みにいたりました。バイオリンやバンジョー、それからギターの把手に音声を伝えるマイクが装着されたのです。しかし、楽器のボディーの振動からはとても弱々しく、胴体の自然な反響の雑音のようなシグナルをしか捉えることが出来ませんでした。一九三一年に公式に認められた最初の電子ギターは、まだ、カエデの木の窪んだボディーをしています。しかしながらじきに、リッケンバッカー社、それからドブロ、オーディオヴォックス、エピフォン、そしてギブソンの各社の発展以降、純粋に電気的なギターが十全たるボディーを採用することになります。ハワイ音楽の愛好家ジョージ・ビーチャムは、アコースティックのスチール・ギターの電子化を試み、反響のようなアコースティックな音の特性は、現実に、電子楽器の着想にとっては有害であることを理解します。一九三二年に考案された彼のギターは、アルミニウムのフライパンに似ているのですが、反響についての古い原理には基づいておらず、マイクの力でその音量を思うままに上げることができます。このマイクは馬蹄型のふたつの磁石に分かれており、これが弦を押さえつけます。この弦に六つの極からなるコイルが付け加わり、それぞれの弦の下で磁場を集中させます。ここから弦は振動を得るのです。

とりわけアメリカの特許事務所はこの技術的対象に困惑しました。これが楽器なのか電子機器なのか決めることができなかったのです。実際、もちろんその二つが問題になっているのです。この電子楽器は音量を上げるために電流とその強さ＝激しさを使用するのですが、以後、音楽を電気の要素のうちに移行させます。しかし単にそうするのではありません。電子楽器は、いわば、技術的道具を身体の電気に、自然の神経性に接続させるのです。その結果、数十年後、電子ギターは放蕩者とロマン主義者以後の私たちの強い＝激しい人間の第三の、そして最後の受肉のエンブレムになりました。すなわち、青春のロック歌手の登場です。

詩において発明された反抗する青春期の若者、すなわちもう子供ではありませんがまだ大人ではない人間は、もちろん、ロマン主義的人間の萌芽です。しかし、これが二十世紀の大衆文化においてはとりわけロックンロールにおいて開花したのです。

青春期の若者、これはまずホルモン的で、欲望と激怒と欲求不満に突き動かされた存在です。それではロックとは何でしょうか？　電気を帯びたホルモンです。音楽の録音技術ととりわけギターの電気による増幅は、両親や家族、社会によって自由が妨げられた年頃の存在の歓喜の、そして暴力の有声イメージを放ちました。自由であり、満たされることがない消費社会で教育された若い男、若い女の内的な神経と雷雨が電流のうちで震え、エフェクトペダルで形作られ解体されました。エンクロージャーの内で、猛り狂った聴衆の前で炸裂したのです。放蕩者の神経とロマン主義者の雷雨が、ロックンロールの解放された電気のうちで、技術的かつ産業的な達成をみたのです。

電気のロックには道徳的な形象があります。エディ・コクランの『サマータイム・ブルース』の意気消沈した語り手です。彼はほんの少しのお金を得るためにひと夏働かなければなりません。ある娘に電話し約束を取りつけることを望むのですが、そんな彼にパトロンが応えます。「無理に決まっているだろ、お前はこれから遅番なんだから。」これは満足を見出すことができないと繰り返すミック・ジャガーのことであり、老いる前に死にたいと口ごもるロジャー・ダルトリーのことです。あるいは「電気の武者」のメーキャップをするマーク・ボランのことであり、欲望で声を詰まらせ、一晩中青春の欲望を得ることを望むファーガル・シャーキーのことです。「俺は十八歳で、何をすればいいかわからない！」とアリス・クーパーは吠えます。「私はロック・エレクトリックを歌う」、一九七〇年代にイヴ・アドリアンによって書かれた批判的ロックマニフェストは宣言します。これはウォルト・ホイットマンの詩「私はボディ・エレクトリックを歌う」を踏まえています。ジャン＝ジャック・シュールが『薔薇色の粒子』で呼び覚ますこうした電気的ロマン主義は、部分的に、音楽ジャンルとしての、道徳としての、ロックを生じさせました。これは思春期の、セックスの欲望の、叫びの、悲鳴の、しかしロマン主義的概念によって、憂鬱と理想によってフィルターをかけられ、電気のインパルスのうちに放電されたホルモン的運動の忠実な書き写しなのです。

第二次世界大戦後に表現された強く＝激しく電気的な若さのこうした理想は、ひょっとしたら、煌めく人間に関する最後の大きな近代的モデルであったかもしれません。こうした道徳にとって、若いロック歌手への魅了はどんどん大きな聴衆に共有される、近代の情熱の最終の指標だったのです――速い生、あらゆる感覚作用の不調、到来するすべてのものの強さ＝激しさによって横断される欲望、実存のピークが青春に、思春期にあり、大人の経験は一続きの和解や断念、生に関わる強さ＝激しさの長くゆったりとした減退であるという印象。ところで、こうしたロック歌手の形象は、少なくとも三世紀にわたる道徳的理想の変容の民主的な帰結なのです。ロックにおいて、これが万人の手に届くものになったのです。大まかに言うと、こうした理想は十八世紀の貴族にとっては放蕩の実験の内で表現されました。十九世紀にはロマン主義に感受性を向ける教養あるブルジョワジーたちに広がりました。強い＝激しい人間は、まず、その身体の内で強さ＝激しさを支え、次に自然全体の内で支え、最後にこれを増幅の技術、録音、機械的な拡散で民主化させたのです。

　こうした観点から見ると、十八世紀の放蕩者、十九世紀のロマン主義者、二十世紀の青春の若者とロック歌手は歴史の同じ隠された三つの形象なのです。これは電気の経験として考えられた生の、ヨーロッパ的で、それから広く西洋的になり、次第に大衆化されることになるある理想の隠された歴史なのです。そして、これは理性の一種の落ち込みのなかに常に崩れ落ちようとしているある近代の世界の強さ＝激しさを支えるためのものでした。これは同じ人間像の三つの形象であり、単に住居に光や暖房や家電をもたらす電気の物質的な恩恵を活用することだけを使命としていたのではなく、その全存在を高ぶらせるために電気を横断させることを使命としていました。こうしたプロジェクトは、二十世紀の若さのなかで広く拡散されました。そして、こうした民主化は余波なしにはあり得ないものだったのです。最大数の人々によって共有された理想としての強さ＝激しさは、もはや例外的な人間の幾人かの道徳的な理想というよりは、むしろ、その生を統制する共同の仕方を表象するようになったのです。このとき、強さ＝激しさはもはや完全には特異な道徳〔morale〕に属することはできなくなり、もっとずっと一般的な倫理〔éthique〕のトーンを与えることになったのです。

形容詞的な道徳、副詞的な倫理

ひょっとしたら、道徳と倫理の差異は形容詞と副詞の文法的差異に関わっているのかもしれません。道徳の対象は形容詞によって規定されており、倫理の対象は副詞によって規定されているのです。フレデリック・イルデフォンス[2]に引用されたジャック・ブランシュヴィックの定式によれば、プラトンやアリストテレスの教説にも相当するのですが、「倫理は副詞的」なのです。ある倫理の固有なことはある副詞を決めることであり、これがどのような仕方で生きるのが相応しいかを示しているのです。その反対に、ある道徳の原理的な特徴はひとつないしは複数の形容詞に高い価値を与えることであり、これが獲得すべき性質を意味するのです。ある道徳は私に正当であることを、ふさわしいものであることを、敬意を抱いていることを命じます。ある倫理は私が正当に、ふさわしく、敬意をもって私があるところのものであることを宣言します。ひとは正当に不正であることができ、悪をなすことができ、善を悪くなすことができるのです。倫理は仕方の問題であり、何かをなす方法であり、それゆえ副詞的なのです。倫理は内容には関わらないのです。その一方で道徳は、その行動をこうした価値や観念に基づかせる方法を決めてかかることなしに、価値や観念を固定するのです。

ひょっとしたら、いかなる道徳も倫理なしには成り立ちませんし、いかなる倫理も道徳なしには成り立たないかもしれません。しかしこうした単純な区別は、諸主体が与える諸価値を、内容を、ないしはする仕方を、もたらし得るものを理解することを可能にしてくれます。古代の道徳の大部分において、

(2) Cf. Frédérique Ildefonse, *La naissance de la grammaire dans l'Antiquité grecque*, Vrin, 1997.

至高の善の、徳の、幸福の諸定義は、フレデリック・イルデフォンスが指摘するように、副詞によって規定される不定法の形式で説明されています。例えば、目的は「自然に従って生きることである」。倫理はここで「従って」という副詞に関わっています。しかし一般化しましょう。倫理の命題は体系的にその方法に関わっており、副詞や副詞的な成句によって説明されます。それゆえ、同じ倫理的命題が反対のふたつの道徳的価値を受け取りうるのです。ある人間はひとつの命題に忠実に働きかけることができるのであり、これが彼に常に真理を言うことを、ないしは誰かを守るために嘘をつくことを命ずるのです。たとえその道徳が同じではないとしても、それぞれの場合において、彼は倫理的にとても忠実でしょう。ふたりの人間もまた同じ道徳を持つことができ、それゆえ同一の価値を共有することができますが、それと別の仕方で関わることができ、反対の倫理に従って行動することができます。ほとんどいつも、私たちは二種類の友愛を発展させます。道徳の友愛と倫理の友愛、形容詞的な友愛と副詞的な友愛。私たちは、私たちと諸観念、諸価値、諸嗜好、諸原理を共有しているけれど、私たちがなす方法も、思考する仕方も、行動する仕方も、私たちの知性も持たない人格とのあいだに親和性を保ちます。そして私たちは別の人間たちと友達であり、その道徳的ないしは政治的原理は私たちには異質なもので私たちにショックを与えるかもしれませんが、しかしそのうちに、ある同じなす仕方を、思考する仕方を、一種の同一の倫理を、私たちは認めるのです。この場合、私たちが私たちの価値と結ぶ関係は私たちを近づけます。たとえ私たちのそれぞれの価値が私たちを遠ざけるとしても。次のことを決めるのは各人にかかっています。道徳的友愛と倫理的友愛のどちらを好むか。道徳の内容について理解することにより多くの重要性を与えるか、それが様々なものであれ、同じ仕方でこれらの道徳的内容に自らを関係づけることにより多くの重要性を与えるか。

第一に、強さ＝激しさはまさに道徳として役立つものであったように思われます。放蕩者、そしてまたロマン主義者は神経的で、感情的で、あるいは実存的な強さ＝激しさを探究します。このときひとは一種の興奮する道徳の理想を構想します。各人はこれについてその行動を模倣し、各人はこれを目指します。その愛と、友愛と、言説のなかでこれを維持することが問題になるのです。十八世紀のヨーロッパが生の基本的な価値として受け継いだ熱狂は、エロティィズムや革命的活動家の内において、肯定的な内容として役立ちます。しかし概念としての強さ＝激しさは決して長いあいだ内容として維持されることはありません。同一化への抵抗を意味する強さ＝激しさは、まず、差異なのです。そして関係としてのそれは、すぐに、対象である以上に方法になったのです。

強い＝激しい人間の道徳には単純な倫理が続きました。そしてこの倫理がより広く拡散されることになったのです。というのも、こうした倫理はあらゆる信仰やそうしたものと相性がよかったのです。強さ＝激しさは道徳のそれ以上に倫理の原理になったために民主化されました。もちろん、逆もまた然りです。民主化されたからこそ、その道徳的内容は形式以上に重要なものではなくなり、最大数の人々に共有されることになったのです。ひょっとしたら、ひとは生きなければならなかったものに同意していたのではなく、それを生きる仕方について意見を一致させていたのかもしれません。すなわち、強く＝激しく生きるという仕方に。

5　倫理的な理想――強く＝激しく生きること

強さ＝激しさのブルジョワ化

道徳的な理想としての放蕩者ないしはロマン主義者の強い＝激しい特性は、まだ、強く＝激しくないもの〔non intense〕と対置され得るものでした。しかし、強さ＝激しさが万人にとっての倫理的な理想になるにつれて、より強く＝激しくないものでさえ電気を帯びる仕方で経験され、知覚され、表象されるようになったのです。弱い人間も、また、強く実存することができるようになったのです。

ところで、長い間、強さ＝激しさの理想は生に関する強さ＝激しさの否定を体現する諸形象と対置されることによって支えられてきました。放蕩者、ロマン主義者、電気の若者は、社会的規範や聖職者、行政官、ないしは教師によって代表される既成の秩序の信奉者たちと敵対してきました。強い＝激しい人間の引き立て役を務めるこれらの反＝形象は、公式の文化の周縁で、ボヘミアンの詩で、ないしはジュティストの空想で、常に風刺の的として役立っています。これらがロシアないしはドイツの前衛の、シュルレアリスムの、シチュアシオニスムの、不遜なビラやパンフレットやマニフェストの糧となりました。社会秩序が体現する生に関し強く＝激しくないものの対置物は、前衛的で大胆な精神の原動力でした。かくして芸術家や革命家たちは、世界の本源的な強さ＝激しさを支えることのない、予測できる生を激しく非難することができたのです。

特殊な道徳的内容に結び付いている限りにおいて、強い＝激しい人間はすべてに価値を見出すことができました。本当には生きていない人間たちのこうしたけだるさを除いては。あるいはより正確に言いましょう。こうしたけだるさに対してさえも価値を見出すことができたのです。それが強いけだるさ、すなわち想像を絶するけだるさである限りにおいては。バートルビーないしはオブローモフの途方もない憂鬱、ないしはモラヴィアの小説やアントニオーニの映画の、一九六〇年代の「伝達不可能性」の美学によって演出された無為である限りにおいては。

それゆえ、強い＝激しい人間の反対は、まずはその生の弱い強さ＝激しさを感じる人ではないのです。というのもこうした体験こそが、モデルニテに固有の錬金術によって、強い＝激しい変貌になる余地があるのですから。これは弱いものを強いものに、小さなものを大きなものに、実存的な空虚を美的な起伏に、無為を作品に変換するのですから。否、強い＝激しい人間の反対は、とりわけ、弱弱しく弱いもの、すなわち普通のものなのです。つまり、生ぬるい人間のことです。

恋愛についての詩的、ないしは政治的なディスクールにおいて、こうした生ぬるさは、ほとんどいつでも、ふさわしいものではありません。歓喜の興奮の言語は、しばしば、私たちの味方に属する人間たちに割り当てられています。最大の敵については、私たちは侮辱的ですが激情的な語彙を使用します。しかし、選択しない者たちを、少しずつ全部であり何ものに関しても強く＝激しくない者たちを名づけることを可能にするのは、嫌悪感と不名誉を説明する用語だけなのです。「生ぬるさを定義するこのわずかな欲望、このわずかな自信、欲求に何を割り当てることができるだろうか？」とフィリップ・ガルニエが主体に関するエッセーで自問しています[(1)]。生ぬるさは、また、中性的なものでもあります。それはアンガジュマンしないために非難される、臆病と同義の浅瀬のあいだで歩く人間のことです。彼は万人との親近性に気遣い、歴史の決定を待っているのです。すべての陣営にとって潜在的な裏切り者である中性的なものは、数々の矛盾を消し去ります。それゆえ、中性的なものはどちらの方向でも強い強さ＝激しさを帯びていないふりをします。何も帯びていないそれは純粋なのではなく、単に潜在的な力において乏しいのです。それは凡庸な仕方でそれであるのです。

ラテン詩人ホラティウスによって歌われたアウレア・メディオクリタス（「中庸」）から遠く離れて、詩において、小説において、映画において、現代の歌において、凡庸さは一層、「平坦な」人間でもある、普通の人間の直しようもない欠如を描くようになりました。凡庸な真理や美、ないしは生よりも、苦しみを含む、何でもいいので何か強い強さ＝激しさが重要なのです。

ひょっとしたら、こうした確信のうちに民主主義的な時代における貴族的倫理の残滓を見る必要があるかもしれません。ひとはもはやある行動の内容を判断することはなくなります。それがなされる仕方の卓越に高い価値が与えられ、その強さ＝激しさを評価することが好まれるのです。というのも、真の気高さは方法にあり、名目のうちにはないのですから。あなたがファシストであれ、革命家であれ、保守主義者であれ、プチブルであれ、聖人であれ、ダンディであれ、誠実な人であれ、詐欺師ないしはごろつきであれ——力強くそれであれ。もはや強い＝激しい人間ではなく、強く＝激しく自分がそうであ

（1）Philippe Garnier, *La tiédeur*, PUF, 2000.

る人間であることがすべてなのです。これがこの語が経た民主的な転回なのです。

この意味において、強さ＝激しさはその対置物をも包み込むほど柔軟な理想なのです。そしてますます頻繁に、陳腐さ、中性性、落ち込み、ないしは凡庸さが予期せぬ力をもって復権されるようになるのです。この意味において、強い＝激しい人間は誠実さをもって凡庸さの潜在的な価値を認めてきたのです。凡庸さが凡庸に生じるのではなく、陳腐さが陳腐に生じるのではなくなった瞬間に、ひとはそれを刺激的な体験にすることができるのです。ウエルベックの最初期の小説はその好例を提供しています。モデルニテは、実存的な倦怠、空疎な瞬間、感覚、信仰、思考の強さ＝激しさの少なさを力強く喚起することを称揚しました。チェーホフやカーヴァー、ないしはマンローの短編でそのこころをとらえる描写が見られます。これらは普通の生の神秘やたまり水の表面に還元されているようにみえる諸実存の感情的な深遠さを探っています。民主的で日常的な実存の薄明りに長いあいだ投げかけられた一帯を横断する文学の進歩によって、以後、強さ＝激しさに抵抗していたすべてのものがそれに対して譲歩するのです。けだるさ、凡庸さ、田舎の生活は一種の美的な電気を、輝きのない炎を獲得しましたが、これらはすでに、フローベールの小説において温められていたものです。

それでは、こうした美的な強さ＝激しさ〔intensité esthétique〕に抵抗するものとして何が残されていたでしょうか？　普通に普通なものの社会的具現です。この具現には、近代の精神にとってとても重要な名が与えられました。すなわち、ブルジョワという名が。「凡庸さはブルジョワ的である」、シモーヌ・ド・ボーヴォワールが『娘時代』で要約しています。一世紀を少し超える期間のあいだ、生きるため、そして思考するために絶望的なまでに強さ＝激しさを欲望してきたすべての者たちは、過去の保持者である貴族でもなく、未来が約束されたプロレタリアでもない、この中間的な社会階級を嫌悪してきました。近代的な人間にとって、「ブルジョワ！」と言われるほどひどい侮辱はありませんでした。これはどういう意味でしょうか？　それは「お前には強さ＝激しさがない」ということです。ブルジョワとは――ルイ・フィリップの洋ナシ型の風刺画が知られていますが――やわらかいものなのです。それはお腹が空くと食べ、さらにもう少し食べ、自分自身に満足する者です。例えばフローベールのオメー氏のことです。そしてランボーの皮肉の対象であり、ブレルの歌の若者たちによる侮辱の対象なのです（「ブルジョワたちは豚のようである」）。あるいは「それは中庸で、植物学者で、腹の出た者だ」とヴェルレーヌの「プルードン氏」の面白い詩句が馬鹿にしています。ボレルから、ボードレール、ドーミエ、クールベ、そしてディラン（「やせっぽちのバラッド」のジョーンズ氏の立ち往生した登場人物）にいたるまで、ブルジョワはその諸感覚の強化＝激化に受動的に抵抗する人間なのです。それはサロンのランプに照らされた、内的な電気を剝奪された人間のことなのです。

　安住し、定住し、結婚した人間。計画的な生を送り、安全な人間であり、窮屈でフォーマット化された精神を持ち、適度に恋愛を好み、ちょうど必要とされるだけの科学の知識があり、商人であり、会計士であり、社会の平衡点なのです。しかし、彼はまた倫理的な強さ＝激しさに対する社会的な抵抗の最後の砦でもありました。そして逆説的なことに、それに抵抗することによって、それが維持されることを可能にしたのです。

　ブルジョワがもたらす逆境を前に、強く＝激しく生きるという観念は、再び、侵犯的で、電気を生じさせる意味を得たのです。ひょっとしたらブルジョワは、講義をする聖職者や哲学者以上に強さ＝激しさの最後の反対物を代表していたかもしれません。ブルジョワとは危険を冒さず賭けもしない人間のことです。その安全を保障することなしに身を震わせることは決してありません。魂にとって、ブルジョワ化とはリスクの不在というリスクなのです。「魂において、超越する全不安が消滅することはブルジョワの月並みさの到来を助長している」、と一九三四年に『現代世界における人間の運命』のベルジャーエフが告げています。

しかし、ブルジョワもまた、強く＝激しくそれであることを望んでいたのです。その椅子で心地よく座りながら、しかし、そこで身を震わせることを望んでいたのです。日常的な小さな刺激を生きるために。結局のところ、「ライプチヒの接吻」の実験は、その起源から、ブルジョワたちに向けられていたのです。強さ＝激しさの、そして放電のスペクタクルと消費は、レジャーの、ニコロデオンの、映画の、遊園地の、社会の約束のうちに結晶化されたのです。あらゆるところで商品が、生活費を稼ぐ者たちに生きていることを実感するためにお金を使うよう提案していました。このとき、倫理的な強さ＝激しさの普遍化に抵抗していた最後の道徳的内容が吹っ飛んだのです。

私たちはこうして、本書の冒頭でみた私たちの共同の条件の記述へと立ち戻るのです。強さ＝激しさはもはや内容としては規定されず、ただ方法としか規定されない以上、各人はあまりにも味気ないその実存に辛みをきかせる手段を手にいれることを求めることができるのです。すなわち、日常の単調なリズムに刺激的な転回を与えるためのほんのわずかな電気の刺激を。それゆえ、その倫理的な原理が一般化されるにつれて、強い＝激しい人間は生きているという感覚を絶えず脅かすブルジョワ化を回避するために、策略を発明することを余儀なくされたのです。

第一の策略――変異することによって

生についてのブルジョワ的な標準化の裏をかくために最初に現れた策略は、強さ＝激しさを変異〔variation〕として解釈することです。古典的な思考の諸価値を転覆させる強い＝激しい人間は、自分の諸感覚が同じ状態のうちにとどまるものよりも、ある状態から別の状態へ移行するものをよりよく把握できることを発見するのです。変異はそれゆえ、感覚の飼い慣らしを拒絶する原理なのです。同じ相手を一途に忠実に愛することは最も生き生きとした絶頂にある恋愛の感情を鈍らせることなのです。欲望を呼び覚まし鼓舞するためには変化し、様々な情念を知り、あらゆる種類の恋愛を知り、それを区別するものを絶えず測り、未知のものを発見しなければなりません。人間の体験は、その対象の恒常的な変質においてしか作り上げられないのです。こうした観点からみると、同一的なものは感情を弱め、異なるものは感情を強化するのです。

自らをブルジョワ化しないためには諸体験に抑揚をつけなければなりません。強い＝激しい人間は、同時に、自分がそうであるところのものの、自分が知っているものの、自分が感じているものの、あらゆる形の同一化に抗するレースに身を投じているのです。あるいは、その知覚が本質的に諸関係をとらえているために、強い＝激しい人間は事物それ自体ではなく、ある事物を別の事物から区別するもの、ないしはふたつの契機、ふたつの存在のあいだの目には見えないハイフンを知覚するのかもしれません。感覚的な存在に可能なものはまた別の存在との接触においてしか開示されません。ある関係から別の関係への絶えざる移行において、その性質の潜在的なものたちが実現されるのです。強い＝激しい人間はすぐに疲れ、飽きてしまうとも言わなければなりません。常に別の何かでありたいと望んでいるのです。ブルジョワ化を恐れ退屈します。理想の思考、決定的なものの思考が彼に約束するすべてのものは、すぐに損なわれ、彼はすぐに別のものに移行することへの強い欲望を感じます。不変にとどまるものは、ひょっとしたら真実かもしれませんが、生き生きとはしていません。単純で確実で変わらないものは、おそらく、知的なものは満足させます――それは私たちの身体の死んだ部分なのですが――しかし、それは私たち自身のうちの生きるという感覚を侮蔑します。こうした感覚は、音楽によってその変異する情動の数々が煌《きら》めくときにしか高まらないのです。水の戯れや変わりゆく空のように。生き生きとした変異を静的な実体や量に還元し、世界を不変のものにする思考や知識、言語活動を軽蔑する強い＝激しい人間は、その固有の思考で策を弄し、そこから逃げ去るものの独自の比喩を構想することを求めます。彼にとっては、精神と知覚に煌めく対象や存在の絶えざる変容、一種の動体なき運動を与えることが好ましく思われるのです。生きているという感覚のあらゆる定着、あらゆる石化と戦うことが問題である以上、しばしば、この策略は真の生に関する音楽との比較で説明されます。ロマン主義からロックまで、各人のこころの中で言語活動に、概念に、そして不動性に隷属することを拒否するものの最も忠実なイメージを届けてくれたのは音楽的形式だったのです。ブクレシュリエフの定式によれば、「支えなき運動」である音楽は自由な倫理に役立ちます。というのも、『音楽的変化』におけるベルナール・セーヴの分析を取り上げるならば、「音楽的プロセスにおいてはいかなるものもその場所に留まり、自己と同一であることはない。時間の中での音符の単純な延長は、ましてや同一の音の反復は、すでに、差異の創造である」(2)のですから。

電気が打つ仕方で行動し、感じ、思考するという副詞的な理想によって動かされる、ブルジョワ化しないために戦う近代の人間は、もはや、アプリオリに同一であるものに留まるものによってはこころ踊らされることはありません。彼は同一の物事への嗜好を失い、変化しないものを知覚することはほとんどありません。スタンダード化された作用のなかで際限なく繰り返される行為は、彼には耐え難いものなのです。永遠性の観念さえ彼にあくびをさせ、大理石は彼を寒がらせ、生とその音楽的な移り気を否定するすべてのものは彼をじりじりとさせます。彼にとっては、絶対性ないしは完成が存在の欠如、あるいは生成の無力さとしてあらわれます。これらは強さ＝激しさにおいて、その内容物の貧しさに関わっているのです。ひとたび変異の生き生きとした理想に関わってしまうと、彼にとっては、宗教的観想ないしは英知の至高な対象が途方もない弱さに思われるのです。彼は音楽において変化を好みます。というのも、反復は地獄を予示するものなのですから。彼が窒息するのは、単にキルケゴールの人間のように可能なものを欠いたときではなく、知っていることを再認することを運命づけられていると感じるときなのです。彼にとっては、同等なものは同等であり、彼に必要なのはより多いより少ないなのです。彼は、定着した確実さよりも不確かな意見の変化の方を好むのです。すべてに関心を持つ彼は、苦悩を快楽と同じくらい愉しみます。それが変化する限りは。運動を、生きるという感覚の――協和的ないしは不協和な――ある種のメロディーを感じる限りは。

第二の策略――加速することによって

しかしながら、方法はすぐに再び内容になり、あらゆる倫理はもはや道徳以外の何ものでもなくなる

（2） Bernard Sève, *L'Altération musicale. Ou ce que la musique apprend au philosophe*, Seuil, 2002, p. 321.

危険があります。変異しながらあらゆることをなすことは変異する以外には何もしないことに回帰します。絶えず変異すること。よく知られる意識のケースは次のようなものです。転覆ないしは横柄さによってしか生きなかった者は、終いには侵犯を規範に変容させるのです。こうして彼は、意に反してふたたび、ある種のブルジョワになってしまうのです。こうした曖昧な見通しは近代の強い＝激しい人間の亡霊であり、彼はその強さ＝激しさを保持することを望み、それが規範になってしまうのを妨害することを望むのです。

それゆえ、このブルジョワ化の裏をかくために、彼は思考の新しい策略を発明しなければなりません。その感覚の居心地のいい定着に抵抗する私たちの強い＝激しい人間は、強さ＝激しさを変異〔variation〕の体系としてだけではなく、持続される増加〔augmentation〕としても理解するのです。変異する強さ＝激しさだけでは十分でなく、それが進歩することが求められるのです。定着しないために、万物はどんどん強くならなければならないのです。私は一定の期間での移行に馴染みます。苦悩から快楽へ、喜びから悲しみへ、あるいは暗さから明るさへ。いまやこれは穏やかで、安心させる定着した秩序なのです。雨の後には晴れになるように。こうした強さ＝激しさの親密化に抗し、苦悩が増大し、常に多くの光で私を感電させ、一層強くなる感覚が私の四肢を圧倒し、私の挑発がより一層衝撃的なものになり、私を導く考えが過激なものとなり、しかしまた夜はより暗くなり、騒音はより強く炸裂し、愛はより暴力的に私を占領することが不可欠なのです。私たちの強い＝激しい人間は、その活力のすべての予兆が、すべての効果が、高まることを欲望しなければならないのです。実存的な定着化の亡霊と、この欲望のエントロピーと戦う希望の下で。そして、強さ＝激しさの必然的な加速には終わりがないのです。これは生それ自体の努力と混同され、次にあらゆる希望と結びつく際限のない強化＝激化なのです。科学の進歩、歴史の歩み、経済的繁栄の発展は、強い＝激しい人間を鼓舞するのですが、彼は強さ＝激しさを維持できるのはあらゆるものをより生き生きとし、より速くするという条件のもとにおいてのみであることを知っているのです。放蕩やロマン主義の強い＝激しい人間は、じきに、アヴァンギャルドの、シュルレアリスムの、未来主義の、構築主義の運動に駆り立てられた人間に、新しい人間像に関するプロジェクトの担い手に脱皮し、変容するのです。ランボーの言葉を借りれば、彼は「獲得した歩みを保つこと」を望むのです。代々、彼は前進を、突破を願います。詩、思考、視覚芸術、政治、ないしは風俗の領域で。前進せよ！　自動車の、電車の、飛行機の輝かしい速さで絶えず加速させるものは、反復こそが文化の最上の価値であった前歴史的で神話的な世界から遠く離れたところに私たちを運びます。アポリネール、マリネッティ、あるいはペソアは古い世界に退屈した自分に気づいたとき、近代の生が私たちの知覚を向上させることを望みます。私たちを古い考えや古典作品の日常性から引きはがすために。こうした観点からすれば、モダニズムは最も強い精神のドラッグなのです。それは、凡庸さから引きはがされた私たちのあらゆる人間性の想像できないほどの熱狂を約束するのです。もちろん、ひとはこのドラッグに慣れてしまいます。そんなことは問題ではないのです。その容量を増やし、思考によって一層運動を加速させればよいのです。

ボードリヤールは言います。私たちは歴史のプログラムを理解するや否や精神の力によってそれよりも遠くに行くことができるのだ、と。「そしてこの変化はある加速によるものなのです。ひとはますます速く行こうと努めます。実際にはすでに終わりにたどり着いているとしても。潜在的には！　しかしそれでも、ひとはそこにいるのです。」[3]このモダニスト的な策略は、シンギュラリティの理論家たちに加え、ニック・スルニチェクやアレックス・ウィリアムズといった加速主義の運動によってふたたび取り上げられています。詩人たちを魅了した近代の速さはもはや十分なものではありません。半世紀後には、古い自動車たちはあまりにも遅くみえるのです。ひとは今日の車の速度によって興奮しますが、しかし、明日の車よりは遅いだろうと考えているのです。途中で止まってはいけません。今日の運動よりもさらに一層速く行かなければなりません。かくして技術的なシンギュラリティは、非常に知的な機械が人間の知能に取って代わるまでにいたる、技術的進歩の加速の表象なのです。二〇一三年の『加速派政治宣言』について言えば、それは新自由主義の、古い左派による技術の進歩の批判を退けるものです。進歩主義的思考によってその加速を擁護するために。その解放は進歩の強さ＝激しさを遅くするのではなく、思考によってそれより一層速く行くことであり、新たに「より近代的な未来」を想像することなのです。それを新しい感性で表現するためには、あまりにもなじみ深くなったその表象以上のことをしなければならないのです。保守的な精神の疲弊を受け入れてはならず、より多くを発明し、よりよく解放しなければならないのです。以前のような進歩を続けることはすでにバランスを取るために静止することであり、それゆえ反動的なものになってしまいます。歩みを急かさなければならず、音楽よりも速く行かなければならないのです。ひとが進むのは次のような対価を支払ってなのです。「技術的な発展のプロセスを常に加速させること。」

もちろん、加速の快楽は中毒の論理に属しています。進歩の観念も、モルヒネによって向上する満足の印象も、同じようなものなのです。随分と早くにトマス・ド・クインシーはこの習慣性の効果を描写し分析しました。「一定期間のあいだモルヒネを受容したすべての器官は、それを増量して受容しなければならないという必要性を証明している。これは肉体的な必要である。このルールの例外をなすのは人間ではない、と私たちは信じている。いかに不屈の者であれ、教養あるものであれ、いかにエネルギッシュなものであれ。」ド・クインシーが一八二二年以来「神聖な薬物」として描写しているモルヒネと阿片の効果は逆説的なものです。これは維持されれば減じ、増加するという条件の下でしか維持されない（逸楽の）増加なのです。ボードレールによって翻訳されたド・クインシーは、この逆説を直観した最初の者たちのひとりでした。これは留まると減ずるものであり、それゆえ、定期的な増加は終いには静止状態として感性に現れるのです。実感されるあらゆる進歩において、強い＝激しい人間はその増加への渇望を抑えることができるのはより一層の加速によってでしかないことを発見します。感情がより一層増加すると、それを増加させることがより一層難しくなることを、彼は混乱しながら感じるのです。

そして三番目の、最後の策略が彼の精神のうちで生まれるのです。

第三の策略――「初体験信仰」

進歩の感覚を維持することが一層困難になるにつれて、強い＝激しい人間は最も強くあり続け、維持するために増加する必要がないある体験を思い浮かべるようになります。「すなわち、それは第一回目なのです、マダム、最上のものは」と、ポール＝ジャン・トゥーレの詩句は言います。ランボーは、「陶酔の朝」で第一回目の至高の力を歌います。「前代未聞の作品、素晴らしい身体、第一回目万歳！」

(3) Jean Baudrillard, « Entretien réalisé par Raphaël Bessis et Lucas Degryse », *Le Philosophie*, n° 19, 2013, p. 5-21.

投与量を増量するにつれて効果が減ずるド・クインシーの「神的な薬物」とは反対に、ランボーは次のように書きます。第一度目は「ファンファーレがなり、古い不調和に帰せられる時でさえ私たちのすべての静脈に残り続ける毒」であると。あらゆる最初の体験がそうである純粋な約束は、反復に、習慣に、年齢とともに訪れる感覚の衰退に、その場を譲ります。しかし、ブルジョワ化と戦う強い＝激しい人間は、最大の強さ＝激しさとして、体験の源泉にある無垢の宝物を描き出すのです。このイメージは中毒的で、維持するのがますます苦痛になる進歩の重荷から彼を解放するのです。これは強いられた進歩の苦悩を気遣う慰めなのです。つまり、ノスタルジーです。しかし、ノスタルジーは古い感覚であり、近代的な強い＝激しい人間は加速する進歩の維持という諸困難に備えるために、より微妙な、いずれにせよ逆説的な策略を発明することになったのです。それは無垢なものへの意識の嗜好であり、第一回目のことたちの、至高の強さ＝激しさの、強い＝激しい体験による再認なのです。

「最後に第一回目のことをしたのはいつだ？」とラッパーのドレイクは言います。私たちの人間は変異し、進歩し、加速します。しかし、彼は最初の身振りを、最初の出会いを忘れてはいません。次第に強く＝激しくなるその経験が、運命的に、その感覚への最初の衝撃の地点から彼を引きはがすことを考えます。強さ＝激しさの係数が最も高かったのはその最初の地点においてだったのです。これはロベルタ・フラックの歌「はじめてあなたの顔をみたとき」が説明する感覚です。歌詞は次のように続きます。「あなたの口にはじめてキスをしたとき」、「あなたとはじめて寝たとき」……。確かに、この女性歌手は最後にはこの愛が永遠に続くことを望みます。しかし、第一回目が永久に最も強く、その呼び覚まされる思い出がそれに続くものを豊かにするだろうことも感じさせるのです。はじめてお酒を飲んだとき、はじめて煙草を吸ったとき、はじめて愛したとき、はじめて抱きしめたとき、はじめて出産したとき

新刊一覧

セクシュアリティの性売買
キャスリン・バリー 著
井上太一 訳

搾取と暴力にまみれた性売買の実態を国際規模の調査で明らかにし、その背後にあるメカニズムを父権的権力の問題として理論的に抉り出した、ラディカル・フェミニズムの名著。¥5500

人種の母胎
性と植民地問題からみるフランスにおけるナシオンの系譜
エルザ・ドルラン 著
ファヨル入江容子 訳

性的差異の概念化が、いかにして植民地における人種化の理論的な鋳型となり、支配を継続させる根本原理へと変貌をしたのか、その歴史を鋭く抉り出す。¥5500

戦後期渡米芸能人のメディア史
ナンシー梅木とその時代
大場吾郎 著

日本とアメリカにおいて音楽、映画、舞台、テレビなど活躍し、日本人女優で初のアカデミー受賞者となったナンシー梅木の知られざる生涯を初めて丹念に描き出す労作。¥5280

翻訳とパラテクスト
ユングマン、アイスネル、クンデラ
阿部賢一 著

文化資本が異なる言語間の翻訳をめぐる葛藤とは？　ボヘミアにおける文芸翻訳の様相を翻訳研究の観点から明らかにする。¥4950

マリア＝テレジア 上・下
「国母」の素顔
B・シュトルベルク＝リーリンガー著 山下泰生／伊藤惟／根本峻瑠訳

「ハプスブルクの女帝」として、フェミニズム研究の範疇からも除外されていたマリア＝テレジア、その知られざる実像を解き明かす、第一人者による圧巻の評伝。各¥8250

戦後期渡米芸能人のメディア史
ナンシー梅木とその時代
大場吾郎 著

日本とアメリカにおいて音楽、映画、舞台、テレビなど活躍し、日本人女優で初のアカデミー受賞者となったナンシー梅木の知られざる生涯を初めて丹念に描き出す労作。¥5280

読書装置と知のメディア史
近代の書物をめぐる実践
新藤雄介 著

書物をめぐる様々な行為と、これまで周縁化されてきた読書装置との関係を分析し、書物と人々の歴史に新たな視座を与える力作。¥4950

ゾンビの美学
植民地主義・ジェンダー・ポストヒューマン
福田安佐子 著

ゾンビの歴史を通覧し、おもに植民地主義、ジェンダー、ポストヒューマニズムの視点から重要作に映るものを仔細に分析する力作。¥4950

新刊一覧

イスラーム・デジタル人文学

須永恵美子 編著
熊倉和歌子 編著

デジタル化により、新たな局面を迎えるイスラーム社会。イスラーム研究をデジタル人文学で捉え直す、気鋭研究者らによる最新の成果。

¥3520

ディスレクシア

マーガレット・J・スノウリング 著
関あゆみ 監訳
屋代通子 訳

ディスレクシア（発達性読み書き障害）に関わる生物学的、認知的、環境的要因とは何か？ ディスレクシアを正しく理解し、改善するための効果的な支援への出発点を示す。

¥2860

シェリング以後の自然哲学

イアン・ハミルトン・グラント 著
浅沼光樹 訳

シェリングを現代哲学の最前線に呼び込み、時に大胆に時に繊細に対決させ、革新的な読解へと導く。カント主義批判により思弁的実在論の始原ともなった重要作。

¥6600

一つの惑星、多数の世界

ドイツ観念論についての試論

ディペシュ・チャクラバルティ 著
篠原雅武 訳

人文科学研究の立場から人新世の議論を牽引する著者が、ラトゥール、ハラウェイ、デ・カストロなどとの対話的関係のなかで示す、新たな思想の結晶。

¥2970

近代日本の身体統制

宝塚歌劇・東宝レヴュー・ヌード

垣沼絢子 著

戦前から戦後にかけて西洋近代社会、民主主義国家の象徴とみなされた宝塚・東宝レヴューを概観し、西洋近代化する日本社会の身体感覚の変貌に迫る。

¥4950

福澤諭吉

幻の国・日本の創生

池田浩士 著

福澤諭吉の思想と実践――それは、社会と人間をどこへ導いたか？ 福澤諭吉のじかの言葉に向き合うことで、その思想と実践をあらたに問い直し、功罪を問う。

¥5060

反ユダヤ主義と「過去の克服」

戦後ドイツ国民はユダヤ人とどう向き合ったのか

高橋秀寿 著

反ユダヤ主義とホロコーストの歴史的変遷を辿りながら、戦後、ドイツ人が「ユダヤ人」の存在を通してどのように「国民」を形成したのかを叙述する画期作。

¥4950

宇宙の途上で出会う

量子物理学からみる物質と意味のもつれ

カレン・バラッド 著
水田博子／南菜緒子／南晃 訳

哲学、科学論にとどまらず社会理論にも重要な示唆をもたらす21世紀の思想にその名を刻むニュー・マテリアリズムの金字塔的大著。

¥9900

今回のイチオシ本

思想としてのミュージアム

増補新装版

博物館や美術館は、社会に対してメッセージを発信し、同時に社会から読み解かれる、動的なメディアである。日本における新しいミュゼオロジーの展開を告げた画期作。旧版から十年、植民地主義の批判にさらされる現代のミュージアムについて、論じる新章を追加。

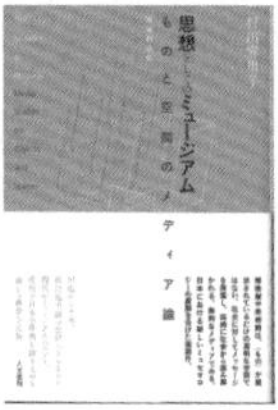

村田麻里子著
¥4180

呪われたナターシャ

復刊

現代ロシアにおける呪術の民族誌

三代にわたる「呪い」に苦しむナターシャというひとりの女性の語りを出発点とし、呪術など信じていなかった人びと—研究者をふくむ—が呪術を信じるようになるプロセス、およびそれに関わる社会的背景を描いた話題作、待望の復刊！

藤原潤子 著
¥3300

超越論的存在論

ドイツ観念論についての試論

存在者へとアクセスする存在論的条件の探究。「世界は存在しない」「複数の意味の場」など、その後に展開されるテーマをはらみ、ハイデガーの仔細な読解も目を引く、哲学者マルクス・ガブリエルの本格的出発点。

マルクス・ガブリエル著
中島新／中村徳仁訳
¥4950

はじまりのテレビ

戦後マスメディアの創造と知

1950〜60年代、放送草創期のテレビは無限の可能性に満ちた映像表現の実験場だった。番組、産業、制度、放送学などあらゆる側面から、初期テレビが生んだ創造と知を、膨大な資料をもとに検証する。気鋭のメディア研究者が挑んだ意欲的大作。

松山秀明 著
¥5500

……。もちろん、二度目の体験は初体験の感覚を向上させ、洗練させ、修正し、ないしは深めることを可能にします。しかし、一度目の体験においてのみ、感覚は完全に送り届けられるのです。二度目に姿を見せるすべてのものは、その正確な意味において、強さ＝激しさにおいて価値が下がるのです。第一回目、それは唯一であることができる唯一の一度なのです。二度目はすでにもはや独自の体験ではありません。

イタリア語で「春」を意味するプリマヴェッラという語と、現実のうちに真理を探究する美学的運動であるヴェリスムを参照することで、強い＝激しい人間のこうした傾向を「初体験信仰」〔primavérisme〕と呼ぶことにしましょう。強い＝激しい人間は単に変異と進歩だけでは満足できず、第一回目に、拡張して幼少期に、思春期に、歴史の最初のとき、ないしは原初的な時代に、至高の真理を付与するのです。つまるところ、何ものも開始するものよりも強くは決してなく、進歩し、拡大し、発展するすべてのものは強さ＝激しさにおいて損なわれるほかないと見積もるものが「初体験信仰者」なのです。例えば、人間の諸感覚の真理としての今日のポップ・カルチャーにおける青春期のフェティシズム化は、こうした「初体験信仰」に属しているのです。すべての存在で打ち勝つのは春なのです。なぜなら、その生に目覚めるある有機体の諸感覚が最も強いのですから。これこそが美学的なリバイバルの大半を、若さの歌ないしは紋切り型に立ち返ろうとする希望を説明するものなのです。同じ原理によって、現代アートの原始的芸術やアール・ブリュットへの嗜好を説明することもできるかも知れません。あるいはまた、常に意識や理性化によって生み出される乾きよりも「原初のヴィジョン」を好むブルトンのような、ある種の芸術家たちによってなされる進歩の転覆をも説明することができるかもしれません。ここでは間接的に、最も生き生きとした自然的感覚からの歴史的離反、というルソーの概念化の余波も認められます。放蕩者たちはエロティックな仕方でこの「初体験信仰」と戯れました。メルトゥイユ侯爵夫人はセシル・ド・ヴォランジュの本来の無垢と戯れ、楽しみます。というのも、その意識の向上によって、彼女には「感覚の春」が禁じられていたのですから。そしてロレンザッチョは「十五歳の少女のうちに来るべき放蕩者をみる」ことを欲望します。すなわち無垢のうちに、感覚の不可避的な堕落のイメージをみることを望むのです。

策略は理解されました。強さ＝激しさは、目の前に、未来のうちに、そして目標として位置づけられる代わりに、ある起源ないしは発生源としての過去に運ばれるひとつの理想であり続けるのです。

しかし時期が来れば、変異することによって、加速することによって、ないしは第一回目に最大の強さ＝激しさを付与することによって（そしてそれを後悔することによって）、強く＝激しく生き続けることを可能にするための三つの策略は互いに無力化される危機を持つようになります。一層熱狂的に変異することは、ある同一の観念ないしはある同一の感情を発展させることを断念することなのです。観念ないしは感情を高めることは、最も強いとみなされる最初の経験から遠ざかることです。何ものも決して第一回目の衝撃よりも強いということはないと考えることは、関係づけと諸体験の変異のうちにあるより大きな力を見出すことを断念することなのです。それゆえ、強さ＝激しさの理想は、それを実現するための様々な方法のあいだにある内的な矛盾によってむしばまれるようにみえるのです。ある仕方で強く＝激しくあることは別の仕方ではより少ない仕方でそうあるのでしょうか？　人々が策略を練り、その同一化と無力化から生の強さ＝激しさを守ろうとすればするほど、一層それを同一化と無力化に送り届けることになるのです。逆説的ですが、生の強さ＝激しさを守ろうとすることは、それを曝すことなのです。強さ＝激しさを複合化することは、それを分割することなのです。それを加えることはそれを引くことなのです。増やすことは減らすことであり、変異させることは画一化することなのです。

　私たちの研究のこの段階ではまだ謎めいたものであれ、逆説はシンプルなものです。まだ少数派である強さ＝激しさの理想は、かろうじてその矛盾する特性を明らかにし始めたところです。しかし、ひとたび副詞化され、一般化され、民主化された強さ＝激しさの理想は、一層はっきりと、その概念化の欠陥を曝すようになります。生の感情を強めるものは、常に、それを弱めることになる危険を有してもいるのです。それゆえ、灰色にする感情を保持するためには満ち溢れることが必要なのです。最初の衝撃と矛盾するリスクを冒しながら。より一層強く＝激しく生きなければならないのです。

崩壊にいたるまで

　ひょっとしたら、ある規範はひとが相続し、選んだわけではないひとつの理想以外の何ものでもないのかも知れません。それゆえ、近代の強い＝激しい人間によって選ばれた理想は、現代の世界の人間にとっては、課せられた価値になります。共産主義体制の大半の崩壊、交流のグローバル化、遠隔コミュニケーションのミニチュア化と民主化、サービス産業の経済的発展とともに現れた自由な世界の中心的な形象は、もはや単に強い＝激しい人間ではなく、強度的〔intensif〕な人間なのです。「強度的な人間」という表現によって、私たちは強く＝激しくあることの要請に服従するひとつの主体を理解します。彼は常に、より強く＝激しく愛し、働き、愛し合うという社会的な命令に応えるために、すべての想像可能な策略を巧みに処理します。変異による一手、加速による一手、「初体験信仰」による一手と。もちろん、規範としての強さ＝激しさの表現は逆説的なものです。存在に還元されないものの野性的な概念である強さ＝激しさは、支払われるべきものとして宣告されるや否や、取り消されてしまうのです。そしてまさにこうした理由のために、この規範に従うすべての個人はそれを再強化＝激化し、充填し直し、改めて暴力的で野性的なものにしなければならないのです。彼らはこの規範を不当なものにしなければならないのです。その規範を選ばなければなりません。これは矛盾を伴う使命なのです。

規範化された強さ＝激しさは、諸個人の自由なパフォーマンスの基準の原理として、社会的領域を侵犯しました。量化され、計算され、統計学的研究の対象になった強さ＝激しさは、その正確な反対物として姿を現すのです。それは理性化を逃れるすべてのものの、すべての力学の、見積もられ数値化され比較されるあらゆるエネルギーの、逆説的な切断の形式の下で、社会的世界の合理化を完遂することを可能にするのです。近代の強い＝激しい人間〔homme intensif〕から現代の強度的な人間〔homme intense〕へ。それゆえ関係は逆転するのです。延長〔extension〕や量化、数字に抗する強さ＝激しさ〔intensité〕の肯定は、延長化可能〔extensible〕で、量化可能で、数値化可能な強さ＝激しさの肯定になるのです。

その例をひとつ取り上げてみましょう。スポーツの領域において、強い＝激しい人間〔homme intense〕の形象の出現、それから強度的な人間〔homme intensif〕の形象の出現、最後に理想の名の下での規範の異議申し立ては、最近の歴史のうちにはっきりと読まれるものです。近代スポーツは新しい人間の概念から生まれました。見かけ上はギリシャのオリンピックの理想と結びついていますが、実際には、その身体のすべての可能性を解明することを、それを強化＝激化することを運命づけられていました。古代文明の失われた儀礼と結びつくため以上に、人間のあらゆる能力と機能の近代的な最大化〔maximalisation〕をかき立てるために、それぞれのスポーツは――個人的なものであれ集団的なものであれ――十九世紀に体系化されたのでした。オリンピックの標語を作るクーベルタン卿に取り上げられることになる聖職者アンリ・ディドンの有名な定式化は、目指された強化＝激化の理想を完璧に要約しています。「citius, altius, fortius」。すなわち、「より速く、より高く、より強く」。これは、（ラテン語の使用という）古代趣味の覆いの下で、空間の全方向において私たちのパフォーマンスの限界を測定し拡張することへの欲望を、速さ、力そして筋肉の爆発を引き起こすエネルギーのタンクとなる器官を特定することへの欲望を、よく理解させてくれます。ラテン語の表現における優等比較級（fortius）の使用は、延長的〔extensif〕な想像力に対する強度的〔intensif〕な想像力の勝利を表明しています。まず最初に、近代のスポーツはある身体の理想であり、人間の純粋な身体的エネルギーの理想化なのです。スポーツは各人に、その存在を知り、変異させ、向上させることを可能にしなければなりません。勝つこと以上に、参加することが問題なのです。

ところが、ひとはすぐに理想が規範へと無感動に滑り落ちるのを認めることになります。すぐに、パフォーマンスの体系的な比較ととりわけその測定が、身体のエネルギーの高揚に勝ることになります。一九三〇年代以降、記録への注目がますます大きくなり、時間測定技術の発展により、ランナーたちの一層微細になる差異を測定することが可能になります。電気的時間測定器は、人間の眼を逃れる微細な隔たりさえ測定することを可能にします。ひとはスポーツ選手に同じ身振りを繰り返すことを要求します。確かに、それは強化＝激化するためですが、とりわけ、パフォーマンスに関する正確な科学の一種を打ち立てることを目的に、それらの身振りを測定するためなのです。すべてのスポーツにおいて、トレーニングは合理化されます。食事療法学、体力回復の諸技術、統計データの大規模な利用によって。理想は少しずつ規範になり、ひとは近代的な人間から自由な世界の人間に、アスリートからパフォーマンスする個人に移行するのです。ところで、パフォーマンスの進歩は終わりなきものであると同時に人間の生理学によって限定を持つものでもあります。陸上競技におけるレコードの更新は遅くなります。水泳では、ポリウレタンの組み合わせの非常に疑わしい採用によってしか活力が回復されることはありません。医学的かつ技術的なエスカレートとしてのドーピングは、数年来、自転車競技における論争の的になっています。

第三の、最後の契機がやってきます。強化＝激化主義の規範が強さ＝激しさの理想に違反するために、人間はスポーツの強さ＝激しさにその本来の力を再び与えるために、策略の数々を展開させます。いかにしてでしょうか？ ルールの外部で演技をすることで、危険な方向に向かうことで、です。こうしてひとは非伝統的なスポーツの到来を、「エクストリームな」と形容されるスポーツの到来を、理解することができるのです。ベース・ジャンピング、バンジージャンプ、滑空、スキージャンプ、スカイダイビング、そしてまたハイダイビング、あるいは無呼吸などがそれにあたります。「私たちの同時代性の複数の観察者が危険な行為の急進化と高まる頻度を強調している。こうした現象の説明の試みはいくつかのレジスターに組み込まれている。強い感覚の探求、冒険への呼びかけ、日常の「脱ルーティーン化」、アイデンティティの肯定、等々に」とふたりの社会学者、ギヨーム・ルティエとバスティアン・スレが論文「重力と戯れること」で書き留めています。[4] 昔の強さ＝激しさがルール化され量化されたために、無力化されブルジョワ化された規範に還元されるに従って、強度的な人間は、スポーツ活動において一層生きていることを感じるために、より強くスポーツをするためのより危険な方法を発明することを余儀なくされたのです。

ポルノグラフィの発展からステロイドを用いたボディービルにおける身体的パフォーマンスまで、コカインの使用から自傷行為まで（「わたしは今日わたし自身を傷つけた、自分がまだ感じることができるのか確かめるために」とトレント・レズナーは歌っていました）、モデルニテの見かけ上の倒錯のすべては、このとき、自由な世界の呪われた部分としてではなく、強さ＝激しさの近代的理想のきまじめな実現として私たちの前に姿をみせるのです。これは社会の諸規範による強さ＝激しさの回収に抗する絶えざる戦いなのです。社会的規範化に抗する絶え間ない競争に参加する強度的な人間は、強さ＝激しさを倍化させます。変異は熱狂になり、加速は誇張されたものになります。減少、生の強さ＝激しさからの離反の感情について言えば、それはある病理学的な形式を取ることになります。つまり、鬱病に。

すべてを強化＝激化しなければならないということ、それができないということ、少なくとも無限にエスカレートすること、それゆえ知的かつ生理学的なその固有の限界の感情との葛藤に入ること、という結合された感情は自由な世界の個人を不可避的に袋小路に追いやります。維持されるために、強さ＝激しさは誇張的な向上を運命づけられたのです。しかし、私たちがより強い何かを感じようとすればするほど、より一層強い何かを感じるということを思うと、強い何かを感じるのは難しくなるのです。強さ＝激しさの過多は、一見すると、それを減じさせる傾向があるようです――消費によって、セクシュアリティによって、スポーツのパフォーマンスによって、そして中毒によって。『薬物中毒者の存在論』において、ニコラ・フルリーはいかに「アディクトする主体」がもはや反復それ自体によってしか快楽を得ることができなくなるまで快楽の強さ＝激しさを反復するかを示しています[5]。この主体は彼自身の

（4）Guillaume Routier et Bastien Soulé, « Jouer avec la gravité : approche sociologique plurielle de l'engagement dans des sports dangereux », *SociologieS*, Juin 2010.

（5）Nicolas Floury, *De l'usage addictif. Une ontologie du sujet toxicomane*, Les Contemporains favoris, 2016.

論理の罠にはまってしまうのです。

絶えず高まるために、あらゆる生きられる強さ＝激しさはその増加を増やさなければ〔augmenter son augmentation〕なりません。これが強さ＝激しさの感覚の「ヒステリー化」と形容し得るもので、メフディ・ベルハジ・カセムの『悲劇の代数学』の冒頭がこの論理を説明しています[6]。個人が知覚し、ないしはそのパフォーマンスで必要とするあらゆる強さ＝激しさの強化＝激化以上のことをすることができないためにこのヒステリー化がもはや可能ではないときには、その個人は壊れてしまいます。現代の哲学と社会学はこの崩壊の諸徴候を沢山研究してきました。以後、バーン・アウトや消尽、内的崩壊等々の名の下で示される病理学を。ジョナサン・クレイリーは新しい資本主義の形態に言及します[7]。これは眠気の襲来に対し、休みない生の、昼も夜もすべての時間に活動的な生の理想を全般的な不眠にいたるまで促進させます。あるいはハン・ビョンチョルが説明するような「疲弊社会」のイメージが描かれます[8]。自由な世界の規範の批判者たちは、諸個人に自己を統治することを要求するこの統治の形態が、主体をますます強度的な生の形式にまで導くと考えます。そしてこうした生の形式は、内的な崩壊以外に解決策を見いだすことができないのです。不安定で、一時的で、強く＝激しく、精神分析家アラン・エーレンベルクの言うところによれば「のこぎりの歯の上の流れと軌道から作られる」世界に適合することを催促された諸個人は、彼らによって期待され、彼らを崩壊のポイントにまで導く常により強い強さ＝激しさを保持することができません[9]。私たちが相手にするのは、もはや、生産的な仕事に関するスタハノフ運動的拘束ではなく、維持するためには高めなければならない強さ＝激しさを保持するという新たな拘束なのです。「バーン・アウト」という語は、当初、「強力な薬物のあまりにも強い＝激しい使用によって打ち負かされた」中毒者の状態を指していた、とパスカル・シャボは思い出させてくれます。[10] 心理療法士のハーバート・フロイデンバーガーがこの語を彼自身の疲弊の状態に適用し、この言葉が感情的な消尽やその仕事のリズムを維持することができない労働者たちの無能の感覚を表現するようになったのです。パスカル・シャボは説明します。諸個人に要求されるパフォーマンスは目的を持たず、そのために、自己実現の地平を思い浮かべることを妨げているのだ、と。

生の強化＝激化の要請は、その心理学的かつ社会学的な影響の数々が裏付けられているある沈滞を引き起こすのです。しかし、これは私たちの探求の目的ではありません。私たちが理解したいのは、いかにして、そしてなぜ、ひとはより強く＝激しく生きれば生きるほどそうすることができなくなるのか、です。崩壊の徴候の数々は知られていますが、その論理は依然としてぼんやりとしたままなのです。私たちはここまで、強く＝激しく生きる様々な方法が、生の強さ＝激しさを保持するための多様な策略が、それに対して矛盾したものになることを指摘することで満足してきました。しかし、説明は十分ではないのです。それはただ変異に、ただ加速に、あるいはただ「初体験信仰」に身を任せただけの一個人が、それにもかかわらず、崩壊に終わることを理解させてくれないのです。進歩しか追い求めず何も後悔しないある人間が、にもかかわらず、それ自身のうちにある抵抗を、その感情の運命的な減少の始まりを、

（6）Mehdi Belhaj Kacem, *Algèbre de la tragédie*, Léo Scheer, 2014.
（7）Jonathan Crary, *24/7: Late Capitalism and the Ends of Sleep*, Verso, 2014.（『24/7　眠らない社会』岡田温司・石谷治寛訳、NTT出版、二〇一五年。）
（8）Byun-Chul Han, *Müdigkeitsgesellschaft*, Matthes & Seitz, 2010.
（9）Cf. Alain Ehrenberg, *La Fatigue d'être soi. Dépression et société*, Odile Jacob, 1998.
（10）Cf. Pascal Chabot, *Global Burn-out*, PUF, 2013.

終いには感じることになるのです。強さ＝激しさについての全般的な研究のいかなる形式においても、ある謎の原理が存在し、その増力に伴い弱体化することをプログラムしているかのようなのです。この隠れた論理は何なのでしょうか？　自由な社会の強度主義に対する道徳的な議論を持ち込むことを目指すことなしに（なぜなら私たちは道徳的ではなく倫理的な観点からここに身を置いているのですから）、私たちは強さ＝激しさのあらゆる感覚のうちで働く、破壊的な概念を見つける必要があるのです。

6　反対の概念——ルーチーン効果

強さ＝激しさの論理がある

強さ＝激しさの概念があらゆる論理に抗する、あらゆる計算に抗する抵抗の価値を持つとしても、強さ＝激しさの論理というものは存在します。そしてこの論理こそが、いかにして、そしてなぜ、その行動の唯一の原理として強さ＝激しさの探求を始める有機体ないしは集合が、それを逃れるプロセスに、近代の美学にとってこうした破壊的な逆説以外に出口がないようなプロセスに引きずり込まれるかを説明するのです。あらゆる事物における強さ＝激しさの勝利は、その次に来る敗北の指標でもあるのです。なぜなら、思考による肯定はいずれその否定を生みだすのですから。つまり逆説的に、私たちの感情は強さ＝激しさにおいて勝利すればするほど、強さ＝激しさにおいて敗北することになるのです。そして私たちは、無化されるまで、それがヒステリー化されるのを感じることを余儀なくされるのです。疲弊や内的崩壊に脅かされていることを感じる各人の親密な劇場で、文化という巨大な舞台の上で、同じドラマが演じられるのです。近代の精神たちは、そこで、弱々しく、十八世紀の大いなる電気の約束の価値が低下するのに立ち会っているのです。

強さ＝激しさに関するこうした逆説的な論理は、私たちの理性〔raison〕に関わるものではなく、生きているという私たちの感情〔sentiment〕に関わるものです。ひょっとしたら、こうした論理はイギリスの経験主義において哲学に現れたものかもしれません。価値の低下のシステム、私たちの印象の、それゆえ私たちの観念の活発さが喪失されるシステム。私たちの知覚器官による同一化と再同一化に伴い、こうした活発さの最初の光が衰えていくのです。何であれこれは感覚的な存在の運命なのです。習慣それ自体の原理が、生きるすべてのもののうちで、ゆっくりとした感情的悪化を引き起こすのです。というのも、感じ、そして知る諸有機体のうちで姿を見せるものとして生は経験を前提とするのですから。そして経験は反復を前提とします。そして必然的に、反復は知覚されるすべてのものの強さ＝激しさの度合いに影響を及ぼすのです。

これが思考されるものとしての生の、生きられるものとしての思考の第一原則なのです。知覚し、想起し、同定するように仕向けられるがために、生きる存在は、それに一種の不可避な摩耗を横断させる強さ＝激しさを服従させるのです。そしてこの摩耗こそが、生き生きとした感情を攻撃し、蝕むのです。生き生きとした全経験は、思考される限り、その強さ＝激しさが低下するのを目にすることになるのです。

こうした理由のために、経験が高まるにつれて感覚は低下するという不可避の論理にいたることなしに、私たちの実存や社会的規範を「可能な限り強く＝激しく」という要請に従わせることは決して出来ないのです。なぜでしょうか？　生きられたあらゆる強さ＝激しさの源泉、感覚的な経験に立ち返ってみましょう。あらゆる強さ＝激しさは、維持されるためには感じられなければならないことが明らかになりました。強さ＝激しさ（例えば波動）は、非有機的な世界ではそれ自体で存在しますが、それが生物に伝達されるのは、感じられ、引き立てられるという条件においてのみなのです。色ないしは音を知覚することは、（波動の）変異する強さ＝激しさを感じられる性質に変換することなのです。知覚する有機体にとってしか、そしてそれによってしか存在しないこうした感じられる性質こそが、私たちがここで、維持される強さ＝激しさと呼ぶものなのです。客観的な世界において、波動の長さの変異のような物理的強さ＝激しさがある単純な性質にとどまるのに対し、諸知覚の主観的な世界においては、強さ＝激しさは感じられ、倍加された性質になるのです。色ないしは音という性質として。波動の客観的な強さ＝激しさは、知覚における強化＝激化のお陰で立て直され、維持されるのです。知覚がまずはこのインパルスから生じるものだとしても、知覚されたものは、もはや、生き生きとした有機体の神経を駆け巡った量化可能な電気のインパルスに還元可能なものではありません。主体において、赤色の赤さの感覚が、沈黙の静けさの感覚が、硬いものの硬さの感覚が存在するのです。維持される強さ＝激しさとは、いわばある強さ＝激しさについての強さ＝激しさなのです。そしてこれこそが生きる主体の感覚なのです。私たちの知覚の最初の段階において対象となる量化可能な強さ＝激しさがあり、こうした強さ＝激しさについての強さ＝激しさが、つまり、知覚によってその対象に付与された性質に関わる二次的な強さ＝激しさがあるのです。例えば私が見る空の青色の青さ。これは単に知覚された光の波動の長さではなく、知覚によって時間を通して倍加され維持された強さ＝激しさなのです。

　ところが、強い＝激しい人間のドラマは次のような平凡な確認に基づくのです。ある強さ＝激しさを支えるものは——感覚と混ざり合った思考は——終いにはそれを取り消すものでもある、という確認に。

変異するすべてのものにおいて何かが減少する

私が音楽の断片を聴いているとしましょう。不意に、和音や調性、あるいはリズムの予期せぬ変化によって驚かされたとします。ひょっとしたら、この変異は音楽の予見可能なサイクルに馴染んでいた耳の麻痺から私の目を覚まさせたのかもしれません。私はその断片が厳格でかっちりとしたものに憤り、変質や断絶、不均衡のうちに関心と興奮を見出す者によって演奏され作曲されたものであることを理解します。最初の変化を把握したら、すぐに、それはまた変わってしまうのです。このことはバルカン・エアーのいくつかの作品のような変拍子の音楽について言え、即興音楽やフリー・ジャズ、フランク・ザッパの作品、実験的なメタルについても言えることです。それらは牢獄の音声的イメージであるような繰り返しを頑なに嫌がり、変異による強さ＝激しさを探究するのです。変異のあらゆる倫理においてと同様に、重要なのは知覚の予期について策略を練ることであり、それが分泌する諸規範と戯れることであり、同一物の回帰に抗して働くことで生の創造的な特性を言祝ぐことであり、期待されているところには決して姿を見せないことであり、先行するものから演繹する権利がある音符や和声を奏でることを拒絶することであり、体系的に体系の逆を選ぶことであり、迂回を行うことであり、メロディー・ラインやリズム的な鉄道を歪めることなのです。なぜでしょうか？　生において強い＝激しいものが同一であり続けないものであり、体系的に再特定化を逃れ、自由に生成するものであることを理解させるためです。それゆえ予見可能性を逃れるために思いがけない方法で変化する度に、即興音楽はある倫理的な行為を果たしているのです。即興音楽はハーモニーとリズムの秩序のうちで、常に変異し、自己を再発明し、前もって書かれた運命を完遂することが決してないことを求める私たちの強い＝激しい人間の決定との類似物を実現するのです。

私は理解しました。私はまたこの断片を聴きますが、以後は、それによって私が驚かされることを予期してしまうのです。もちろん、そのリズムや拍子は再び変異します。あらゆる規則を嫌悪する人間の神経性を説明するかのように。そしてそれが実現されるのは、それが幾分か機械的すぎる仕方で完遂することを始めたプログラムとの断絶が行われる際にのみなのです。こうして、音楽の節は別の異なる転回をするのです。私は次第に驚かなくなります。私は以後、決して変わることがないのはその変化そのものであることを、規則によって確実なのはそれが不規則であることを見て取ります。まずは驚きを生みこころを奪うものであり、それからある意見から別の意見へと移ろうことを決してやめないことが理解される移り気な人間を前にして、私は音楽の奇妙な予見不可能の中に、ルーチーン的な馴染みの一種を見出すことになるのです。しかし、困惑させる音楽と気まぐれな人間には最終的な選択肢が残されています。それを聴き、それが規則的に不規則になるのを見る準備が整ったいま、私は疑いなく、それが予見可能なものであることを発見し驚かされるのです。こうして断絶と断絶を行き来し変貌した後で、音楽は変容をやめ、不変の拍子なりリズムなりを採用するのです。私たちと遭遇する度に決して同一でなく、私が最終的には移り気な永遠と見なした人間は、最終的に、その振舞いを確立するのです。一度ならず彼は私を捉えました。しかしもはや彼は私を捉えることはないでしょう。なぜなら絶えざる変異のうちで強さ＝激しさを慈しむ音楽と人間が、そのとき、あるジレンマに直面するのですから。変化を続ける、すなわちある種の不変でないことの不変を設けるか。習慣と断絶するために変化をやめその対価を払うか。今や、変化しないものであり続けなければならないのです。

もちろん、変化する仕方は無限にあります。音楽はこうした手段の多様性を探究し、視聴者に繊細な連続を、セリーを、繰り返しの可能な秩序を、さらには未聞の無秩序を感じさせます。これは変化の知性と呼ぶべきもので、この形式的なモデルは数学によって与えられます。連続の、それゆえ自然な総体の継起によってインデクス化された諸要素のグループの、あらゆる形式の概念化を可能にすることによって。事物の存在それ自体の変異の様式の多様性と豊饒さを考える〔concevoir〕ことができるのです。

抽象的な思考によって変化に関するこうした複雑で洗練された論理に到達することができるとしても、もっとずっと粗野な論理が存続しつづけるのです。それは感情の論理であり、簡単に厄介払いできるものではありません。この頑固な論理は変化の諸規則を要請することはなく、ただ「それが変化しているか否か」目印をつけるだけなのです。それゆえいかなる現象からも、私たちの倦怠を説明するこうしたシンプルな感情を引き出すことができます。私たちがある変異に直面するや否や、私たちのうちにある何かが変化の目印をつけ、最初の衝撃の輝かしい瞬間を過ぎ去ったものにし、この変化をひとつの不変として扱うのです。この能力は、「それが別のものになることをやめはしない」ということを突き止めることで満足するのです。そして感情のために、こうした変異の観念を安定させるのです。

この能力はある変化の微細な内容を考慮することはありません。考慮にいれるのは変化の形式だけなのです。この能力は、知覚するあらゆる存在のうちで変化の変化——あるいは非変化——に、変異の変異——あるいは非変異——に、差異の差異に——非差異——に注意を向けるものなのです。それゆえこうした能力は、それ自体に反して、生成の諸原理を倍化しひっくり返すのです。その感情を画定するために。知覚のうちに生まれるこうした初歩的な論理は、私たちがルーチーンの論理と呼ぶものなのです。

ルーチーンは、こうした、あらゆる強さ＝激しさの知覚の中心に巣を作る、戦意を失わせるような可憐な単純さの仕掛けに関わっています。私たちの強さ＝激しさに抗して絶え間なく作動するのはこうした機械仕掛けなのです。決して変化をやめることがない空気に対し私たちが終いにはうんざりしてしまうのは、私たちを様々な仕方で驚かせる手段を絶えず発明し続ける音楽によって、しかし、私たちのうちの何かが不可避的に退屈させられてしまうのは、日々私たちを驚かせるために繊細な仕方を用いる諸存在に対し、私たちが終いにはいつも慣れてしまう、という同じ理由のためなのです。絶えず新しいことを試みる何か、あるいは誰かによって完全にうんざりしてしまうということは決してありません。しかしある時点まで行くと、私たちの知覚の少なくとも一部は不意打ちを与えるものによってはもはや驚かされることがなくなるのです。それは以後、あらゆる新奇さを、あらゆるモデルニテを、一種の伝統とみなすのです。私たちのこうした部分がルーチーンの論理に従属するのです。そしてあらゆる倫理的な努力にもかかわらず、完全にはそれを打ち負かし、取り除くことができないのです。なぜなら、私たちの強さ＝激しさの特定を可能にするのもその部分なのですから。

ルーチーンは私たちの強さ＝激しさを感じ、思考することそれ自体を可能にするために支払うべき対価以外の何ものでもありません。それは感情〔sentiment〕の必然的な代償なのです。ルーチーンの脅威をなくしたならば、あなたは同時に、何であれ強い＝激しいものを感じるチャンスを、それを時間を通して持続させるチャンスを消し去ることになるのです。

増加するすべてのものの中で何かが減少する

私たちはこうして罠にはまるのです。変異のルーチーンに対し、もはや変異することによっては応えることができません。別の仕方で変異するとしても。というのも、ルーチーンは方法を知らないのですから。それが関わるのは現象の形式だけなのです。最終的には、それがいかに変化するか（習慣の知性の対象であるもの）は重要ではありません。ただそれが変化するか否か（習慣の感情の対象であるもの）が重要なのです。変異の習慣から抜け出すためには、私たちの強度的な人間の策略に任せなければなりません。それは音楽的に強さ＝激しさを変調させることが十分でないときに、それを増加させることを、ひょっとしたらそれを加速させることをさえ決定するのです。快楽を、形式を、リズムを、経験を変異させることが結局は何であれ強さ＝激しさの維持に役立たないと言うとするならば、もはや同じ知覚を際立たせるほか残されていません。同じ喜びを、同じ苦悩を、同じ色を、同じモティーフを、同じリズムのループを与えることの他には何も残されていないのです。ルーチーンを追い抜くためには加速するか、感覚を深めなければならないのです。

まず、ひとつの打開策が成果を上げそうにみえます。もはや変異を目指さず、強さ＝激しさの欲望はそのアスペクトを変えるのです。私はもはや全く反復を恐れません。反対に、望んでそれを求めるのです。私は決して同一物の回帰を探し求めるのではなく、知覚や観念を前進させることを試み、増大させ発展させることを試み、より生き生きと、より速く、より正確にすることを試みます。そしてアプリオリにこの増加に終わりを課すことなしに、私は自由にこの操作に身を委ねます。一見すると、増加するものはルーチーンを恐れていません。なぜならルーチーンはある感情の、ある身振りの、あるトランス状態の、同じ実践の反復を要請する心的ないしは身体的な規律の不可欠な一部をなすようにみえ、ある観念の歴史的進歩の不可欠な一部をもなすようにみえるのですから。例えば自由のための、解放のための、あるいは人類の平等のための戦いを思い浮かべるならば、私が世代から世代へと引き継がれる同じ主張のうむことのない反復を想像するのは当たり前のことです。私が自由の度合いの、戦いを通じての個人の、犠牲の、そして政治的な勝利と敗北の自律の度合いの骨の折れる強化＝激化を想像するのは当たり前のことなのです。最も反復的なミニマル・ミュージックが呼び起こすのはもはや変異としての強さ＝激しさではなく、頑なに前進を拒むある小フレーズによる感情の強い増大なのです。あたかもひとつのモティーフが一層多く、一層良く聴かれるかのように。これはあらゆる進歩の観念なのです。これは同じ事物について、それがあるところのものよりも少しだけ多く肯定し、その真理を鍛える者のいこじな空気をもってそれを発展させ、実現させる可能性なのです。

強さ＝激しさの増加だけが、純粋な変異として広がる強さ＝激しさのルーチーンを和らげることができるのです。しかし、こうした進歩によって興奮した感情の幻想は一時的にしか持続しません。ルーチーンは少し別のアスペクトで、際限ない増大の可能性自体を蝕み、侵食しに回帰してくるのです。ヘルダーのような歴史的進歩の批判者たちは皆、この支払うべき対価を強調しました。歴史においてある観念が進歩すればするほど、別の観念は後退するのです。ヘルダーの精神において、進むためにそれを引き留めるものを背後に残さなければならない船のイメージは「埋め合わせの原理」なのです。人間性が代償なしに普遍的な歴史の対象になることがないのは明らかです。未来について得たと思えるすべてのもののために、それは過去のうちにある観念の糸を引かせるのです。ヘルダーの目には、近代人たちのこの上ない知性は単に理性の進歩だけを意味するものではなく、その自然発生的な活力の喪失をも意味するものなのです。エジプトとオリエントは人間性の幼少期を、ギリシアはその青春期を彼に呼び覚まします。それゆえギリシアは存在のある種の美化を、美しい外見の崇拝を得ますが、しかし、それは前の時代の子供じみた神秘や謎を失うのです。そして大人になり意識的になることで常に自発性は失われていくのです。感情や身振りをどんどん学んでいく者は誰であれ、その背後に、最初の感情や身振りの何かを手放していくのです。

　もちろん、真の進歩がよいもの、あるいは望ましいものの強化＝激化であり、悪しきもの、ないしは望ましくないものの脱強化＝激化であることを主張することはできるでしょう。しかし、こうした着想はふたたび、ある価値によって、ある道徳的な内容によって、強さ＝激しさの倫理的な原則を置き換えることを前提としているのです。こうした道徳的な議論は、私たちの近代の副詞的な倫理の構築と維持にとっては十分なものではありません。こうした倫理はあらゆる内容から独立に強化＝激化するものの唯一の形式的価値に基礎を置くのです。そして強さ＝激しさという観点からすれば、いかなるものも別のものを後退させることなしに進歩することはないのです。強さ＝激しさには、絶対的な進歩などあり得ないのです。これは「進歩のルーチーン」と形容することができる論理です。絶えずその方向で働かせるために、人間精神によいものの際限なき進歩を描くことは考えられますが、私たちのうちの何かがこうした表象に抵抗するのです。プログラム化された進歩、加速する進歩の前で、ある鈍い感覚が、必ず、私たちのうちに一種の疲弊と衰弱を生みだすのです。これはある喪失の、ないしは不可避の離反のイメージを伴います。まずは、もちろん、強さ＝激しさの予見可能な増加によって興奮が失われるために。次に、あらゆる増加によって私たちがある経験の一層強く＝激しい状態に近づく一方で、この経験の最初の瞬間からは遠ざかるために。

　時間が経つにつれ、いつも加速の感情を遅くするのは何でしょうか？　何か（快楽ないしは観念）が終わりなく加速に運命づけられていることを私たちが理解するとき、私たちは前もって、増加の最中にあるものの事後の状態を思い浮かべます。それゆえ比較により、前未来において、その現在の状態はすでに衰弱したものとして私たちに現れるのです。例えば、ある社会に経済的成長を、あるいは技術的な進歩を約束すればするほど、その構成員たちはこの進歩を予見することを楽しみます。前もってより豊かな社会を、あるいはより高機能の技術を思い浮かべるのです。その代わりに、社会や技術の現在の状態は残念なものにみえるのです。最初の段階では、ある進歩の表象は私たちを興奮させ、すでに私たちの手にあるものを改善し、完成させ、豊かにするよう私たちを誘います。しかし、それを維持するためにこの進歩以上のことをしなければならなくなると、加速が終わりなきものにみえてくると、私たちは明日の社会や道具が、明後日のそれから見れば、時代遅れで不完全なものであると考えるようになるのです。昨日のものが今日のものからすれば時代遅れで不完全なものであるように。私たちの知性はまだ、そして常に、私たちが進歩するよう促します。しかし、私たちの感情における何かは誠実な熱狂のうちで失われるのです。何が失われるのでしょうか？　ここでもまた、進歩に関する私たちの知覚において、馬鹿げていますが避けられないルーチーンの論理に従属するものが失われるのです。

増加と進歩のこうしたルーチーンは、単にあらゆる発展の予見可能な特性にだけ関わるわけではありません。それはまた、そしてとりわけ、それが進歩するにつれて後退するものの同定に基礎づけられているのです。知覚するものすべてを、欲望するものすべてを、思考するものすべてを際限なく強めることを望む強い＝激しい人間にすべてを付与してみましょう。そしてある絶対的な進歩を想像してみましょう。少なくとも次のものが減少することになるのです。第一回目の感情、経験が強められるにつれて弱まる無垢さが。

第一回目がますます小さくなる

ひょっとしたら、「初体験信仰」は想像可能な最後の打開策かもしれません。

ルーチーンは変異ないしは進歩の感情を破壊しますが、第一回目の至高の強さ＝激しさを破壊することはありません。それは記憶によって保存されるのです。さらにいいことがあります。諸経験の新鮮さに対するルーチーンの効果は、それぞれの瞬間に固有な特異性それ自体の観念によってひっくり返され、失敗させられ得るのです。最終的に、ひとたび死ぬポイントにくると、私はまた特異で未聞の経験の準備をするのです。私は初めて死ぬのです。プリマ・ヴォルタ〔「初めて」〕に結びつけられた強度的な人間としての私は、それぞれの瞬間が新たに私に与えるものを活用することで、ルーチーンの宿命を拒絶することができるのです。いかなるものも、くり返された経験の各々を未聞の力のうちに置くことを禁ずることはないのです。かくして、二度目に愛する者は初めて二度目に愛するという経験をすることになります。習慣さえ、それが発見されるときには新しい実存的な経験なのです。そもそも大人の年代さえ、ひとが初めて世界を第一回目として経験することがもはやできないことを学ぶ生の年代と定義することができるのです。それでもひとはそこに、ある種の強さ＝激しさを見出すことを学ぶのです。第一回目の力はルーチーンの効果を上回るようにみえます。というのも生物はいつも、もはやわずかな新しさも知覚することができないという事実それ自体を知覚的な新しさとして実感することができるのですから。すでに触れた退屈や日常、普通のことだけでなく、ルーチーンそれ自体が、強い＝激しい経験の対象になり得るのです。それが特異な真新しさのうちで抱かれるという限りにおいては。しかしじきに、ルーチーンの効果は再び生きられた経験の強い＝激しい特性を蝕みます。なぜなら、私は日常的に私の日常を感じ始めるのですから。倫理的ブルジョワ化の亡霊が、その生のその都度の特異性を楽しむ人間を脅かすのです。こうしてすでに、彼が二度目か三度目にあれこれの身振りを完遂したという馴染みの快楽を感じるのが二度目か三度目になるのです。彼は慣れ、馴染み、無感覚になります。それを言わないとしても、存在するという彼の感覚は弱まっていくのです。

　無垢の感情のあり得る究極の反撃が残っています。ルーチーンに抗するために、「まるで初めてであるかのように」すべてを生きることに決めることができるのです。私はこうした努力をすべきなのです。私は最も取るに足らない活動のうちで——寝るときに、目を覚ますときに、歩き始めるや否や、食べるたびに、雨に降られるのを感じるときに、あるいはそれが止むまさにその瞬間に——初体験の強さ＝激しさを感じるよう振舞うことを目標とします。そのとき私は発話されるすべてのフレーズに、それぞれの決断に、遭遇のそれぞれに、未聞の煌めきを与える知的手段を見出す努力をしなければなりません。私は大きな子供を、永遠の青春を演じます。それは常に驚き、喜び、決して冷めきったりしない存在であり、この存在は、日々、若き第一回目の素直さをもって振舞うことで、生の強さ＝激しさを保持するのです。

　しかし、一度ならずルーチーンの効果が生じると、それは素直さを信奉するこのプロジェクトを鈍らせるのです。というのも、「初めてのように」あれこれをするよう努めるのがすぐに二度目のことになるでしょうから。そして私は実存的な変異のジレンマに送り返されることになります。すべてを初めて完遂することを続けるか（しかし「すべてのことを初めてすること」は私の実存の不変の規則となり、無意識的にであれ、私や他者のうちに倦怠を引き起こすのです。ひとは私はサービスで無邪気な者を演じていることを知ります）、あるいは、初めてのこととしてすべてを生きるのを初めてやめ、習慣の出不精な魅力を発見し、ひょっとしたら私の最初の感情を深め高めることを試みるか（しかし最終的には、進歩に関するルーチーンの効果に再び落ち込むことになるのです）。無垢と「初体験信仰」の最大限の強さ＝激しさへのルーチーン効果はこうした鈍化に関わるのです。一見すると、生の中に第一回目があり続けるようにみえます。それが各経験に固有な特異性という事実にしか由来しないとしても。しかしすでに、私たちの精神のうちで常に感情の減少を告げる大時計の恐るべき歯車ががちゃがちゃと音を立てるのが聞こえているのです。というのも、生の最初の経験は、ある整数の冪《べき》数のように、私たちの感受性から遠ざかっていくのですから。

　音楽の比喩に戻りましょう。私はある断片を二度目に聴きます。最初のとき、経験は唯一のものでした。今回、反復された経験は第一回目により育まれており、それはおそらく最初の経験を洗練させ、ひょっとしたら高めるかもしれません。しかしまた、それを原初の衝撃からは遠ざけるのです。残るのは二回目の視聴の強さ＝激しさであり、これは私がこの断片をふたたび聴くのは初めてであるという事実に関わっているのです。それゆえ、私は見逃していた細部へと特別な注意を向けます。というのも、私はそれがやってくるのを予期しており、それが直接的な力のうちで失われるにつれて私の経験は豊かになるのですから。いま、私は三度目に断片を聴きます。私は補完的な視聴によって自分を最初の再聴と結びつけることができます。補完的な視聴は最初の再聴を改良し修正します。感情は以前より弱まっていますが、より正確なものになります。習慣からある新しい強さ＝激しさが生ずるのです。これは初めてその断片が自分にとって馴染みのあるものになり、自分がみずからの諸印象の主になったと感じる強さ＝激しさです。しかし私が経験において多くのものを獲得すればするほど、一層、私の経験の対象は経験それ自体と区別できなくなります。従って、この断片を聴き再聴する視聴者としての私の状態は、じきに、それまでの私の視聴の総体への批評的な関係以外には特異性を持たなくなります。あたかも、私の最初の音楽の経験が再聴によって倍化されたかのように。私は初めて自分を最初の視聴に結びつけ、そして初めて自分を最初の再聴に結びつけます。こうして続いていきます。

これは絶対的な消失の感情ではなく、鈍化の感情なのです。生きている限り、私たちは決して諸感覚や諸印象、諸観念に初めて横断されるということをやめることはありません。しかし、こうした生についての最初の把握は弱まりもするのです。というのも、それは一層、すでに生きられた把握をその目的とするようになるのですから。成長し老いることによって、記憶を備えた生きる有機体は、初めて、よりよく、あれこれを一度ならず知るということが何であるかを学ぶのです。こうして「第一回目」はもはや直接的なものではなくなり、過去の経験の冪数に、n乗になるのです。ところで、第一回目の至高の強さ＝激しさを模範とするとき、絶対的に強い＝激しい生はこうした逆説を持ちます。一乗の力の経験を高める以上に大きな力をそれが認めることはないという逆説を。これは純粋に特異な力なのです。

生が進めば進むほど、文化や文明の記憶もまた一層満たされていきます。そしてプリマ・ヴォルタ〔初体験〕はますますメタ的な経験になります。二十世紀末に理論化されたポストモダンは、近代文化にとって、初めてその固有の近代性に意識的になった経験だったと主張することができるでしょう。ポストモダンとは、モデルニテのルーチーンに抗する精神における精神のひとつの策略だったのです。もはや近代的ないかなるものも最初の程度では感じられなくなると、「ポストモダン」と呼ばれる精神は、初めて、〔音楽の節にせよ小説のテーマにせよ映画の一場面にせよあるいは政治的思想にせよ〕何であれ初めて感じることはもはやできず、すべてを二度目に完遂させなければならないという不可能性を認めたのです。初めて無垢の終焉を発見する強く＝激しく無垢である何かが常にあるのです。そして幾分か強く

＝激しくない、幾分か新鮮ではない無垢が現れるのです。私たちにとっては発見することがもはや完全には自由ではないという発見が無垢の終焉を驚かせるのです。これは私たちのすでによく知られた啓示です。こうして、ルーチーンの容赦ない効果に従属する第一回目の強さ＝激しさは完全になくなるということでは決してなく、鈍るのです。そして、私たちの感情のこうした機械的な運命に対する可能な打開策はもはや私たちには残されていないように思えるのです。

もはや生に残されているのはその反対物を望むことだけである

近代精神がそうしたように、ひとは常に、強さ＝激しさの維持のためにあらゆる習慣の破壊的作用に抗し、終わりなき闘争に身を投ずることができます。しかしいま、私たちは強さ＝激しさの規範に従う諸個人が崩壊にいたるという容赦ない論理を理解しました。結局、感情においてより多いは、常に、より少ないを生みだすのです。

こうしたルーチーンは私たちの倦怠や落胆、倫理的な崩壊を説明する感情的な歯車なのです。これらは理性それ自体には何も負っていませんが、知覚の逆説的な合理性には負うものがあります。というのも、生の強さ＝激しさの知覚を可能にするものは、同時に、それらに抗して作動するものでもあるのですから。ひとはその知覚を更新する方法を無限に考えることができます。それでも残念ながら、最終的にはルーチーンが勝ります。それが私たちの知覚において一定である何かを認めるものである限りにおいて。規則の不在を他のあらゆるそれと似たひとつの規則として考えることを可能にするのがルーチーンなのです。変異し、強さ＝激しさを高め、あるいは未聞の力を保存するための私たちの努力は何になりましょう。ただ生きる理由を見出すために強さ＝激しさに身を委ねることは、その生や思考を実存的な疲弊に送り届けることなのです。これこそが私たちの感性の奥に半分隠された無敵の怪物なのです。そしてこれを、モデルニテは意に反して明らかにすることになりました。

想起する感覚の簡潔な原則は、ルーチーンの効果は考えうるあらゆる強さ＝激しさを上回るということです。知性とは何の関係も持たないこの怪物は、現れてはまた現れるすべてのものによって育まれるのです。それゆえ、その実存の熱烈な強化＝激化によってルーチーンと戦っているつもりでいる者は誰であれ、結局は、強さ＝激しさを上回るルーチーンの誕生を助長し、それを強めるしかないことをわかっていないのです。これは想像や新規さによってルーチーンを打ち負かしたと考える知的な人間の誤謬なのです。彼は、じきに、根絶やしにしたと考える倦怠を育む以外にすることがなくなるのですから。創造や新奇さにも飽きてしまうよう運命づけられているのです。

これこそが、まさに、強い＝激しい人間、それから強度的な人間が――やむを得ず――近代文化に引き起こしたものです。実存の領域の大部分における強さ＝激しさのルーチーン。私たちの倫理的な状況にとってその帰結は絶対的に悲惨なものです。というのも、私たちの生を導くために強さ＝激しさという唯一の原理に身を委ねることによって、私たちはもはや、新しい強さ＝激しさへの自らの欲望に強さ＝激しさの不在への好奇心以外の選択肢を残すことがないのですから。生の輝かしい力に留保なく身を委ねる者は誰であれ、ルーチーンに追い詰められ、終いにはその強さの消失よりも強いものを何も望むことが出来なくなってしまうのです。絶対的でそれゆえ反対のものを持たないと考えられた強さ＝激しさは、結局、その反対物を滲み出すのです。こうして、人間の文化においては英知〔sagesse〕と救済〔salut〕の形式の下で、あらゆる強さ＝激しさからの最終的な解放の表象が定期的に現れ続けるのです。

なぜでしょうか？　生があまりに移り気であるために、私たちのうちでは、十分に長い実存の過程で生は終いにはそれ自身の要求に疲弊してしまい、生の否定に興味を持つようになるのです。生き生きとしたものにしか、そしてその根源的な強さ＝激しさにしか身を委ねることがない幾分か意識的なあらゆる生は、多かれ早かれその肯定の反対物を欲望するようになるのです。これは死ではありませんが、もはや変異する強さ＝激しさの、あるいは終わりなき進歩の地平の囚人ではない実存なのです。

こうして行きつくところまで行き、もはやいかにして、そしてなぜ存在し続けなければならないかを私たちに言うことが出来なくなった「電気的なモデルニテ」を超えて、強さ＝激しさの観念が一定の時間をかけて侵食してきた哲学的・宗教的な約束がふたたび姿をみせるのを私たちは目にするのです。近代という時代によって約束されたあらゆる熱狂のルーチーンを活用することによって、宗教的な英知と救済は、改めて、私たちの消尽した意識を誘惑し始めるのです。

7　反対の観念——倫理的な鋏に挟まれて

生は強く＝激しくし、思考は平等にする

生の強く＝激しくない状態の表象は、その知覚の、その経験の、そしてその理想の消尽にとらわれたすべての意識を立て直しにやってきます。ある個人ないしは集団が信じているすべてのこと、知っているすべてのこと、経験しているすべてのことの強さ＝激しさの宿命的な弱体化が勝るのを感じるとき、彼らが真・善・美と判断するものが真・善・美であり続けながらも単純に興奮しないものになることを理解するとき、精神には唯一の逃げ場しかありません。この究極の隠れ家は、思考による平等で、上も下もなく、欠如も過剰もない状態の表象という隠れ家なのです。

強さ＝激しさを基準とせず、あらゆる事物の平等な特性をその原則とする生きる有機体のこうした部分を、仮に、思考と呼ぶことにしましょう。思考は感覚的な存在の中心にありながら感じないものです。苦しむ存在のうちにありながら苦しまないものです。変異する強さ＝激しさに横断される存在の内部にありながら、決して変異しないもの、同一であり続けるものの探求を対象とするものなのです。この意

味においての思考は、最良の、最も高度な、最も高尚な生きる存在のうちにあるものと考える理由はないのです。思考を強い＝激しいものでなく平等なものによる探究と定義することは、価値判断を意味することでは決してありません。そこに人間という種の唯一の特性をみることでもありません。そうではなく、知覚するすべてのもののうちにある種の思考があるのです。こうした種類の思考は特定し、分類し、再認し、諸実体を切り分け、量化し、計算し、同一性を基準としながらも強さ＝激しさに働きかけるあらゆる動物的知覚の一部分を揺さぶります。何かを思考するということは、まず、それがあるところものと比べてより多いかより少ないかを認識することができないものなのです。いかなるものも弱められ、還元され、あるいは無化された状態で思考から出てくることはないというこの意味において、思考されるすべてのものは平等なのです。私が可能なものとして考えるものは、思考において、私が現実的であると考えるものより少なく存在するということはありません。何であれ実体のより多く、あるいはより少なく現実的である特性が姿をみせるのは、思考の外部においてのみなのです。というのも思考の王国では、すべてが同じ平面に置き直されるのですから。

ある例を取り上げてみましょう。思考によって私は黄金の果実がなる木を思い浮かべます。私が想像するこの対象は現実的なものではありません。果実園でリンゴを薄い金色の外皮で覆ってしまわない限り、植物学の現実の状態においては眼でそれを経験することは出来ません。思考という唯一の手段によって、黄金の果実の木が現実には実在しないことを証明することができるでしょうか？　少なくとも、実在は現実の述語ではないということをカントが肯定して以来、思考はそれ自身の資源から、現実的なものとそうでないものを区別する手段を引き出すことができないことが合意されています。思考には、経験の、感覚的な知覚の、私たちの眼の、聴覚の、あるいは神経の支えが必要なのです。ただ思考される限りにおいては、現実に存在する実体と想像のうちに存在する実体とは、どちらがより多いより少ないという仕方では存在しないのです。それゆえ思考は、諸対象の存在論的資格を平等にするものなのです。

ただ思考だけが、それが他のものより少なく存在していると考えることを可能にするような対象はあるでしょうか？　多くの哲学において、矛盾する対象がこれに当たります。矛盾するふたつの概念の不可能な統一であるために、非実在的である「四角い円」や「木でない木」は、思考の純粋な対象として、円や木よりも少し少なく存在しているようにみえます。しかし、最小限に確定され、それでも確定される存在である矛盾する対象は、矛盾すれば何でもいいというわけでは決してないのです。古い論理的原則（「矛盾からは好きなものを引き出すことができる」〔ex contradictione sequitur quodlibet〕）に従えば、矛盾からは何でも引き出すことができるとしても、ある矛盾は矛盾であれば何でもいいわけでは決してありません。四角い円はちゃんと三角の円と区別されるのです。区別は弱いものですが、それでも、区別されるのです。同様に、思考にとっては、ある矛盾する対象が私が眼前に見る木よりも少なく、あるいは多く何かであるということはありません。思考にとっては、何かであることは、まさに、より多くもより少なくもないことを意味するのです。「何か」とは、変異する存在論的な強さ＝激しさとは考えられないものなのです――何かであるすべてのものは平等に何かなのです。

思考の対象は平等な存在論的尊厳を有しています。それが考えられる限り、いかなるものもより強く、あるいはより弱く存在することはないのです。それゆえに思考は、生きる有機体がすべての事物を――いいものも悪いものも、美しいものも醜いものも、実在するものも実在しないものも――明瞭に考える操作と同一視されうるものなのです。ひょっとしたらこうした理由のために、純粋な思考を導く諸価値は、多くの文化において、絶対的なものや永遠、完成、そして単一なものなのかもしれません。あらゆる知覚から生まれた抽象としての思考は、その対象の数々を引き離し、統合し、時間の流れから引き離します。思考は私たちに、感覚的な生の諸価値——変異や進化、より一般的には強さ＝激しさ——が反転する世界を与えるのです。

それゆえ、それ自身に送り届けられる思考は強さ＝激しさを無視するのです。ひとたび思考されるや否や、すべてのものが同一視されるのです。

こうしていま、現実の強さ＝激しさを維持するためにあらゆる知覚のなかに導入された思考の一部分が、なぜ、それと同時に強さ＝激しさを無力化するのかを理解することができます。私たちが「ルーチーン効果」と呼んだものは、実際、何であれ動物的な知覚に働きかける思考と生の、平等化と強化＝激化の未分化な混同から生まれるのです。

電気の熱狂的なイメージが近代の意識に生のモデルを思考させ、思考に感覚的な生それ自体の原理を、すなわちその強い＝激しい特性を付与させたことを認めましょう。少しずつ強度的〔intensif〕になる強い＝激しい人間〔homme intense〕は、その生を思考に課すことを望み、衝撃や煌めき、変異、帯電した感覚の変化を概念の中に導入することを望みました。固定や実体性ではなく進化やプロセスの概念の上に透写された私たちの知のカテゴリーそれ自体が、生の諸価値に従属していたのです。あたかもひとが生きる仕方で、強く＝激しく思考することが求められているかのように。

ところが、生の諸価値を思考に導きいれることによって、その反対に、思考が生にすることが忘れられているのです。思考が生を取り消すことが。思考は、なぜ、生を取り消すのでしょうか？　なぜなら思考は、その対象を同一物として扱う以外の仕方で振舞うことができないからです。そして私たちは、この探求を通してずっとこのことを主張してきました。同一化は強化＝激化に抗して作動する、と。

思考もする諸存在にとって、生きるものの諸価値のあらゆる絶対化は、絶望的なまでに反生産的な仕方で、まさに観念上の白熱にいたるまで強く＝激しくすることが望まれるものの脱強化＝激化へといたります。しかし個人的かつ集団的な消尽は、そしてそれに由来する近代文化の大いなる疲弊は、私たちの生が少しずつ思考が強く＝激しくない仕方で思い浮かべるものを欲望するようになることを余儀なくさせるのです。それ自身に送り届けられる人間の思考は、こうした強さ＝激しさの取り消しに関わる伝統的な表象の数々を生みだします。こうした思考は、同一性や単一性、絶対性、永遠性などの古典的な価値と調和する世界を描き出すことになります。あらゆる強さ＝激しさから解放された自己の状態についての幻想のイメージが、そして最終的にはその有機的な変異が除去され純化された身体のある残滓のイメージが、思考の夢想から生まれるのです――この残滓は、一般的に魂や精神と呼ばれるものです。情念と呼ばれる感情の純化に関するこうした操作は人間の思考に関する根源的なふたつの操作へといたります。すなわち、英知〔sagesse〕の追求と救済〔salut〕の探求に。

生のあらゆる強さ＝激しさが消尽するとき、私たちの生はその思考がより強く＝激しくない仕方で思い浮かべ、私たちに描き出すものを欲望します。思考は何を思い浮かべるのでしょうか？　絶対的に、単一的に、永遠にそれが最良の仕方であるものにとどまる私たちの存在の幻想化されたイメージです。これはあらゆる知覚の、身体を横断しその有機的な存在を構築するあらゆるインパルスの、より多いより少ないに従属することを最終的にやめる身体のひとつのイメージです。思考は似たような解放を思い浮かべることを可能にします。変容によってであれ、取り消しによってであれ。あるいは救済として、そして英知として。

英知のおかげで

近代の電気の魅惑によって育まれた人間は賢者〔sage〕であることを望みませんでした。放蕩者において、ロマン主義者において、帯電した青春期において、伝統的な英知〔sagesse〕はある断念に思えたのです。強く＝激しく、それから強度的な人間はこうした師を、こうした精神による身体の飼いならしを笑いました。こうしたものは、新しい人間たちにとっては生の興奮させる起伏を平坦にすることによる弛緩した逃走を意味していたのです。賢者であること、それは実際に平等であることであり、気分と情念の高いピークと深い窪みを避けることなのです。それは自己の体系的な脱強化＝激化に向けて働くことなのです。

事例は沢山あります。仏教では生のサイクルは絶えざるプロセスを描きます。世界の強さ＝激しさの奔流を、大河を、絶え間ない流れを、身体から身体への魂たちの移動を象徴する普遍的な輪廻転生を。苦しみの帝国に服従する魂たちは感受性の性質それ自体の囚人であり、こうした感受性は永遠ではないものの内に留まります。あらゆる存在の流れを捉える巨大なイメージでないとすれば「サンサーラ〔輪廻〕」とは何でしょうか？　私たちはすでに、近代の想像において、いかに電流が生成とたえざる変化の象徴としての河の流れに取って代わったかを示しました。「サンサーラ」を思い浮かべることによって、思考はあらゆる強さ＝激しさを、あたかもそれがもはやひとつのものでしかないかのように思い描きます。それは普遍的な強さ＝激しさなのです。ところで、「サンサーラ」のヴィジョンに打たれた後にゴータマ・シッダールタが探求した目標とは、魂を苦しみに運命づける、こうした普遍の変動サイクルに委ねることによって魂を解放することでした。実践、瞑想、そして祈りはこうした強さ＝激しさの無力化に導かれることになります。その結果、ブッダの英知は自己訓練によって各存在が囚われている強さ＝激しさを少しずつ取り消す約束に関わっているのです。

しかしこうした取り消しは仏教に固有なものではありません。諸情念は身体から思考へ放出されるのですから、賢者の使命は、概して、精神の力を借りて気分を平等にすることなのです。こうした平等性は、少しずつ、神経に、筋肉に、心臓に、そして胃に伝達されます。もはや情念によって乱されることがない魂の状態、「アタラクシア」を目指すストア派の哲学者たちの厳しい修行も、生が私たちの精神に伝える過剰な衝動を私たちのうちで減らすための努力に関わるものです。生の強さ＝激しさは、私たちの平等な魂の一部を変異するはかない部分に従属させます。それゆえ、目的は前者を後者から独立させることなのです。

人間社会の大部分において、英知に関するこうした約束が生みだされました。精神の破壊工作により強度的な諸価値をゆっくりと綿密に弱体化させる訓練の数々が。

ヨガの伝統における五感のひきこもり（プラティヤハーラ）、「アートマン」と「ブラフマン」の同一（自己と全体の同一）。禅のいくつかの流派における乱すことなく世界を反映する滑らかな表面の理想、純粋な平坦さの理想。こうしたものが英知に関する古典的な形のいくつかなのです。そしてまた集中の、内観の、ヴィジュアリゼーションの必要性を保持することもできます。これらは内的かつ外的な混乱を和らげるために行われるものです。ベーダ宗教で、スーフィ教の瞑想において、ジャイナ教において、ストア的禁欲主義において。あらゆる英知は、まず、ある生の主体の強さ＝激しさの変異を減らすことをその使命としていたようなのです。これらの英知は、知覚し、欲望し、想起し、苦しみ、楽しむ者の精神に寄生する正弦曲線のカーブを平坦にすることを目指すのです。西洋哲学は、その倫理的な一部分において、人間主体を平静に、平等に、つまり強さ＝激しさを持たないものにする使命を保持していたのです。その目的はデカルトの『情念論』のように「情念を平等にする」ことであり、同時に、自らを世界と似たものにすること、つまり欲望と必要を対置する緊張関係を少しずつ断念することなのです。

それゆえ、私たちが理解する意味においての英知は人間の思考の大部分に共通の操作であり、直接的に生の強さ＝激しさに働きかけるものなのです。これは強さ＝激しさの超克を目指すというよりも、むしろ、それを漸進的にゼロに還元することを目指すものです。こうした目的のために、英知は意識の穏やかな状態へのアクセスを約束するのです。そこではもはや変異は探求されず、もはやそれが魂を乱すことはないのです。

こうしていま、電気の理想がモデルニテのうちに大変独創的な道徳的歴史の一契機をみたことを理解しました。モデルニテとは、人間に英知とは別の――もっと言えば、多くの点で英知とは反対の――倫理的目的を提示する試みだったのです。こうした反-英知である近代の生は、あらゆる事物において強さ＝激しさが際限なく増加することを求めました。これに対し、英知の数々は伝統的に、その取り消しを通じて生の目的を描いていたのです。

救済のおかげで

強さ＝激しさに送り届けられる近代の精神にとって、英知が取り消しによる終焉として現れたとすれば、救済は変容によって生の変異する強さ＝激しさの超克を描き出します。強さ＝激しさがもはや決して変異しない至上の、至高の存在の状態を期待することによって。救済され、神の国に入り、永遠の至福を手に入れる者にとって、生の強さ＝激しさは最小化されるものではなく、最大化されるものなのです。強さ＝激しさは最後まで、至高の状態に至るまで最大化されます。そこではいかなるものもより強くなることはできず、以後、より弱くなることがないほどにすべてが強くなるのです。悲しみと喜び、愛と憎悪といった気分の変異する強さ＝激しさからひとたび純化されるや否や、ある救済の宗教的な約束は自己保存のあり得る表象のうちに身を置き、自己の強度的な同一性から単一で完璧で絶対的な同一性への変容のうちに身を置くのです。救済された私は、私の存在の純粋で永遠の部分、つまり私の魂と同一化されます。英知が自己の強さ＝激しさのゼロへの還元に関わるのに対し、救済はいかなるものもより力強くなることが出来ないほどに力強い自己の強さ＝激しさのパースペクティヴを粗描するのです。自己は救済され、それゆえ最終的なものになり、楽園ないしは天国で生を謳歌するのです。救済されることで、自己自身の強さ＝激しさは、すなわち生きる限り変化し続ける私の存在の可変的で彷徨する同一性は、絶対的なものになることが保証されます。あらゆる強さ＝激しさの中で最も大きな強さ＝激しさが、強さ＝激しさであることそれ自体をやめるというこうした質的な変化こそが信仰によって約束される救済なのです。救済されるとは何でしょうか？　それは最も本当の意味で私があるところのものに最終的になることです。私は永遠にそれであり、完全にそれであるのです。純粋にして単純に救済者——信仰者にとっては神であり、世界の主にして創造者である存在——の下で。

そういうわけでイスラム教的な約束とキリスト教的な約束があります。より一般的には、不安な人間たちに与えられた前‐電気的で前近代的な人間の大いなる希望だったものです。生の強さ＝激しさには、それゆえ存在の不安には、終焉が存在するのです。

もちろん、ふたつの救済を区別しなければなりません。フランス語は混同していますが、例えばドイツ語では区別されます。Erlösung と Heil。すなわち、解放の否定的な行為と充溢の肯定的な行為です。実際、すべての救済は同時にふたつのものなのです。まず、より多くより少なくの強さ＝激しさから外に出ることの約束。この強さ＝激しさは苦痛の、喜びの、あるいは様々な身体を横断する継起的な実存の正弦曲線によって具現されます。それからある絶対的なものの、生の最大限の強さ＝激しさのパースペクティヴ。この強さ＝激しさは、同時に、最後の単一の強さ＝激しさでもあるのです。救済における信仰は最大にして最終の強さ＝激しさの信仰なのです。これは、思考による、生の外に出されてしまうほど力強い生の力を実験する可能性なのです。これは彼方への移行を指し示します。有機的な生とは共通の尺度を持たないある状態への移行を。人間が不完全にしか思考することができない状態への移行を、思い描くことさえ苦労するようなある状態への移行を。

　イスラム教とキリスト教の救済は、原罪からの、苦しみからの、生の仮象からの、解放のイメージであり観念でもあります。というのも、この世界の強さ＝激しさによる生は決して絶対的な生には到達しないのですから。思考だけがこれに接近することができるのです。そしてこうした絶対的な生によって、生きる有機体の中で不変のもの（つまり思考によるそれ自体の理想化。すなわち精神）が身体に伝達されるのです。身体がその情念を精神に伝達するのではありません。表象に耐える最大限の強さ＝激しさとしての楽園は、強さ＝激しさの解放の最もよく知られたイメージでもあり続けるのです。楽園において、人間は何も欠くことがなく、空腹も恐れも疑いも持つことがないことが予告されています。コーランで記述される楽園では、描かれるのはむしろ生の最大の強さ＝激しさです。それは絶対的に心地よく絹のように感触がいい存在の形式の下で描かれます。そこでは、あらゆる快楽が完成されています。兄弟であるすべての住人は金と絹で着飾りくつろぎ、最も洗練された料理を食べ、飲み、欲求不満なしに性的な欲求を満足させます。キリスト教的な楽園の表象では、より積極的に、アクセントが生の変異する強さ＝激しさからの解放に置かれています。信者たちが保証されるのは、精神的かつ肉体的な欲望の充足の最大の強さ＝激しさである以上に、彼らの足かせとなる欲望からの解放なのです。

それらがふたつの地平を描く限りは、それらがサーカスのふたつの出口を、生の変異する強さ＝激しさの往来のふたつの出口を描く限りは、対称的な英知と救済は敵対することはありません。英知と救済は、様々な割合で、哲学的かつ宗教的なあらゆる約束のうちに入り込んでいたのです――電気的倫理の出現までは。これが近代の人間に生の新たな意味を提供したのでした。

ジレンマ

生の強さ＝激しさを、心臓の熱狂を、胸の高まりを、あらゆる存在の興奮を動員するにもかかわらず、英知と救済の約束は、最終的に、私たちの思考の表象を、生の価値に勝るものにします。思考の原理そのものである平等の特性が、感性的な生の原理である強い＝激しい特性に課されるのです。望ましい英知を人間に与えるあらゆる哲学において、救済を期待させるあらゆる宗教において、存在の平等な状態を想像する思考の能力は、感覚が私たちに伝える変異する強さ＝激しさに勝利するのです。英知と救済によって、生きるものに対し思考が課されることになるのです。

反対に、私たちが大きな流れでその出現を辿り直したように、人間像に関する近代的な様式の形成にいたる電気的な倫理は、思考に対し生を勝利させるのです。この倫理は、数多くの仕方で、生きる存在として私たちが感じるものについて私たちが思考することを列挙するよう求めました。こうした理由のために、強さ＝激しさという要となる価値は、私たちの知を、私たちの実践を、私たちの希望を、私たちの道徳を、そして私たちの政治を方向づけてきたのです――少なくとも、進歩し、前近代の生の形式とは縁を切ったと主張する私たちの人間性にとっては。

まず最初に、生の力に忠実な倫理の新しい形式に形を与えた強さ＝激しさの約束は、思考による生の取り消し、ないしは変容という古い約束を覆い隠しました。その後で、ルーチーンの効果に従属した強さ＝激しさの約束の宿命的な消尽が、再び、英知と救済という古い観念に自由な場所を与えることになったのです。そのために、近代の精神にとっては英知や宗教が回帰してきたようにみえるのです。現実には、それらは決してどこかに行ってしまったわけではありません。単純に、今日、電気への魅了がその強さ＝激しさ以上に望むべきものを持たない生の個人的で集団的な約束を支えるためにもはや十分には強くないようにみえるというだけのことなのです。同時に弱らせることなしに強さ＝激しさを保持し続けることが不可能であることが明らかになったために、強さ＝激しさの約束は、私たちの人間性の倫理的欲求を満足させるには十分でなくなったのです。私たちが存在する限り、以後、一般化された強さ＝激しさは、ひとたび生の原理にまで成長すると、私たちの不可避的な、ほとんど機械的な消尽以外にいかなるパースペクティヴも与えなくなることを感じるのです。一般化された強さ＝激しさは、留保なくそこに送り届けられる個人的ないしは集団的なあらゆる有機体を、漠然とした鬱に、興奮のゆっくりとした減退に、運命的な取り消しに引きずり込みます。しかし、それは決してその終りを見出すことはないのです。崩壊がない限りは。

以上が私たちの特異な存在の各々の数多の曲折によって私たちがいたる共通の矛盾です。生を高めることを望んだとしても、もはや低めることにしかならないのです。

これがジレンマの最初の枝です。近代の倫理的プロジェクトに従うことで、私たちはその思考を生の強い＝激しい感情に還元することを運命づけられるのです。ほとんど完全にそれを弱めるにいたるまで。ジレンマの二番目の枝は、こうした近代に背を向け、私たち以前の多くの人間たちのように、私たちの思考の純粋で完璧な表象と似た平等な状態へと到達することを期待することを意味します。賢者や宗教家は、彼らが思考によって到達できると信じる諸真理に従ってその生を秩序付けようと努めます。電気の性質に魅了され、すべてを強さ＝激しさで解釈する近代的な人間、それから現代的な人間は、その反対に、身体の強い＝激しい性質の上に、その真理の、その観念の、その信念の特性を列挙しようと試みました。こうして私たちは次第にこのジレンマによって引き裂かれることになり、必然的に敗北者として、そこから出て行くことになるのです。それを擁護することで強さ＝激しさの私たちの感情にもう少しだけ傷をつけるか、あるいは、それを攻撃し再び賢者になり、救済され、生の外に出ることを望むか。

　いずれのケースにおいても生の強さ＝激しさは失われます。しかし選択しなければなりません。そして倫理的に正しいものを選ばなければなりません。倫理というものが内容よりは方法に関わるものであるならば、その目的は、生きているという感覚に忠実に生きる方法を、すなわち、私たちのうちで生きているという事実の意味を弱めることのない方法を確定し、あるいは発明することなのです。道徳的な生とは、何らかの道徳的な理想に従って送られる生です。倫理的な生とは、それを確定するのがどんな道徳的ないしは政治的な理想であれ、それを送る者にとって生きているという感覚を減らしたり無化したりしない生のことです。こうしたパースペクティヴにおいて、倫理は常に回帰してきます。時代ごとに。私たちの思考による生の植民地化と、私たちの生による思考の植民地化のあいだで仲裁し、決裁するために。そして私たちが到達した地点においては、まさしく、こうした倫理的な決定こそが不可能になったようにみえるのです。

行き詰まり

私たちの倫理的条件は数語で要約されます。私たちはいま、最終的には同じものに帰するふたつの反対の倫理的可能性の鋏《はさみ》にとらえられています。終末や超越のパースペクティヴを持つことなしに生と思考の強化＝激化という近代の約束に執着するか。あるいは、終末ないしは超越の地平に向かうことで生の強さ＝激しさの取り消し、ないしは変容というモデルニテよりずっと前から存在していた約束に身を委ねるか。私たちはふたつに分かれます。一方では、近代的理性の電気の約束に忠実であり続けることを選ぶ者がいます。その一方で、英知ないしは救済の約束に同意するのを好む者もいます。生の諸価値に思考を従属させることによって自らを方向づけるか、思考の諸価値にこの生を従属させることによってその実存を導くか。

ところで、二者択一は悲劇的なものです。というのも選択しなければならないにもかかわらず、強さ＝激しさの意味それ自体を失うことなしに選択することは不可能なのですから。すでに説明したように、私たちの実存を単にその強さ＝激しさだけを目指して導くことは私たち自身をルーチーンの効果に送り届けることです。これは強さ＝激しさというそれ自体の名の下で、少しずつ、生のあらゆる強さ＝激しさを取り消すことなのです。これに対し反対に、生の強さ＝激しさの無力化ないしは変容を目指して生き、振舞うことは、こうした強さ＝激しさの消失に最大の強さ＝激しさを付与することなのです。これは常に、アタラクシアの、無感覚の、恩寵の、解放の状態を望むことであり、前近代の倫理への回帰を意味します。アプリオリには何も禁止されていません。ひょっとしたら、英知や救済を望むことで強い＝激しい生の意味をふたたび見出すために後退すべきなのかもしれません。しかし、英知ないしは救済の約束は、もはや、強度的なモデルニテがそうであったほどには生の感情の強さ＝激しさには忠実ではないのです。それは、その否定を目指して動員するために、生きるという感情の強さ＝激しさを手段として使うのです。苦しみの終焉、感受性の変質、生の到達を可能にするために、英知ないしは救済の約束は、生き、感じ、苦しむ者の熱意に訴えかける必要があるのです。そこでは、強さ＝激しさとは別のものを強く＝激しく信じることが問題なのです。いずれの場合も強さ＝激しさは維持されません。それは精神によって保持されることはなく、消失を運命づけられているのです——望もうが望むまいが。私たちは、もっぱら、その生をより強く＝激しくすることを目指して生きるべきなのでしょうか？　ああ何ということでしょう！　それは段々と弱くそうすることを強いられることになるのです。それでは生の強さ＝激しさを消去することを目指して生きるべきなのでしょうか？　生の強さ＝激しさや神経の熱狂を使うことなしにそこにいたることはできないのです。それゆえ、それ自体に抗して導くことでそれを裏切ることになるのです。

　ふたつのケースで失われるものは強さ＝激しさそれ自体なのです。つまり、感じるという私たちの感覚が失われるのです。

　私たちの選択が何であれ、私たちには生の強さ＝激しさを思考によって保存するための持続可能な手段は残されていないようなのです。擁護しようが攻撃しようが強さ＝激しさは維持されないのです。それは全存在を通じて保持されることができず、全社会を保持することができないのです。

　行き着くところまでいたり、私たちは自問します。そこから生の絶対的な原理を生みだすことなしに、それを取り消し、さらには完成させることを求めることなしに、いかに生の強さ＝激しさに忠実であり続けることができるか？　ごく単純に、可能な限り私たち自身の生の強さ＝激しさを保持するためにいかにして生きることができるのか？　私たちの倫理的意識はふたつの火のあいだでとらえられています。それは一方で、モデルニテが絶対的に強い＝激しいものとして私たちに約束したすべてのものが消尽してしまうことによって押しつぶされています。時間の試練を経ていないにもかかわらず、こうした約束は十分なものであるようにみえたのです。そして他方で、身体の見せかけの生の消滅ないしは昇華という哲学的かつ宗教的な約束の再出現によって、私たちの倫理的意識は圧迫されているのです。一方の面で、私たちは倦怠と、生命力のゆっくりとした消滅を運命づけられます。もう一方の面で、私たちは生の内在的な価値の知的な否定に身を委ねます。戦いは前もって敗北が決まっているようです。生の目的ができる限り多く、できる限り長く、その強さ＝激しさを保持することであると考え続ける個人に何が可能でしょうか？　生きることで、その内で実感する生の力にただ忠実であり続けることを望む人間は無防備であるようにみえます。

　ひょっとしたら、思考を生に課すことも生を思考に課すこともなく思考し生きることは可能ではないのかもしれません。ひょっとしたら、より多くもなくより少なくもなく思考することを求めながら、より多くそしてより少なく生きることは空しいことなのかもしれません。ひょっとしたら、思考せずに強く＝激しく生きる持続可能な手段も、生きることなしに平等に思考する持続的な手段も、存在しないのかもしれません。ひょっとしたら、私たちの条件は行き詰ってしまったのかもしれません。

8　反対のイメージ——何かが抵抗する

ソウルのイヴ

すでに随分昔から、感情を抱き、愛することを学ぶ人型ロボットの物語が存在しています。「ロボット」という語の最初の出現は一九二八年にその日付を持ち、『R.U.R』、すなわち「ロッサム万能ロボット会社」と題されたカレル・チャペックの戯曲においてでした。この語は人工的な存在を、この場合には孤島で作られた「生物学的機械」を指します。当初は感性を欠いていたロボットたちが、技術的な改良の過程で、彼らを擁護する人間たち（ヘレナ・グローリーの人権同盟）の政治的主張のおかげで、脳とこころを手に入れ、そのうちの二人が恋に落ちるまでにいたります。「恋する機械」は近代において何度も回帰してくる幻想であり、しばしば私たち自身の生の強さ＝激しさの消尽を説明するためにも役立ってきました。こうした幻想は手塚治虫の最良の漫画で定期的に姿を見せるものです。あるいはフィリップ・K・ディックの小説『アンドロイドは電気羊の夢を見るか?』の、さらにはその映画化作品『ブレード・ランナー』の主題のひとつでもあります。テレビドラマでは、感情的な機械に対するこうした強迫観念は『宇宙空母ギャラクティカ』のサイロンや、『リアル・ヒューマンズ』のヒューボットのラブストーリーにおいてふたたび姿を見せました。『R.U.R』のクライマックスにおいて、最後の人間は生の感情がすでにロボットという被創造物のうちに移行していることを発見します。建築士アルクイストが危うく解剖しそうになる二体のロボット、プリムスとヘレナは、お互いに、その仲間を救うように彼に懇願するのです。アルクイストはこのとき、彼らが真剣に愛し合っており、人間以後の世界の新しいアダムとイヴを具現していることを理解するのです。それゆえ、彼らは人間によって消尽させられた生を再発明するのです。「よくわからない、プリムス。何かが変なの、それが何だかわからない。おかしくなったみたい、分別を失って、体も心臓もすべてが痛いの――私に何か起きたかは、ああ、それは言わないでおく！」[1]とヘレナは述べます。悲劇的な機械のように。このように、再び不安や情念の言葉が飛び出すのはロボットの口からなのです。生の強さ＝激しさの語彙は、以後、非生物に、機械的存在に属するものになります。彼らは、私たちがそのうちで眠らせた力強い生に目覚めるのです。ゴーレムの民話や小説『フランケンシュタイン』からその主題を借りたチャペックの予言的な戯曲は、ロボットのうちに人間の被造物をみます。そしてあまりにも長く生き、生きていることを感じる力を減らした神のような人間は、これに、その象徴的な息子に、生を立て直し保持する気遣いを伝えるのです。「ロボット」という名の着想は兄ジョゼフによってカレル・チャペックにもたらされたものです。「自動機械」や「アンドロイド」といった古い用語を置き換えることを望み、カレルは当初「ラボリ」という新語を用いることを考えました。これは労働者を意味するラテン語の語源によるものです。しかし、語の音が優雅でないと判断し、チェコ語の「ロボタ」をいじるという兄の提案を受け入れました。これは強制労働や雑役を指します。意のままに仕事を押しつけることができる現代の魂なき奴隷としてのチャペックのロボットたちは、しかし、有機的な物質で作られています。電気のエネルギーで動くロボットを想像し作り出すためにはあと数年待たなければなりませんでした。そして今日、私たちを魅了するのはこうしたロボットなのです。十八世紀初頭のサロンにおける電気の実験に相当するものが、ひょっとしたら今日、ロボット工学のサロンにあるかも知れないのです。

名前自体が、同時に、旧約聖書の最初の女性と永遠（フォーエヴァー）を意味するロボット、ないしはアンドロイドEveRは、二〇〇三年にソウルのホテルKyoyuk Munhwa Hoekwanで行われたイベントで初めて公開されました。日本の「アクトロイド」と競合関係にあるこのプロトタイプは、人間の顔の表情を真似し、頭や上半身、腕、脚を動かすことで幸福や悲しみ、喜び、怒りの様相を示す最初の電子的女性型ロボットのひとつです。初めて人間の観客を前に展示されたとき、商務省・産業省・エネルギー省に招かれた男性たち、女性たち、六十人ほどの子供たちの驚きと興奮、恐れ、喜びが混じり合った反応は大変に生き生きとしたものであり、この反応は私たちに、三世紀前、ボーゼによる『電気のヴィーナス』に立ち会ったブルジョワたちの反応を思い起こさせるものだったのです。ひょっとしたら、ロボット工学のイヴは電気化されたヴィーナスによって開かれた私たちの興奮の歴史の一章を締めくくるものであるかもしれません。電気化されたヴィーナスを前に、私たちは人間という被造物のうちに電気を発見しました。これに対し、ロボット工学のイヴに直面した私たちは電気的な被造物のうちに人間性を発見するのです。欲望は陣地を変えたのです。以後、魅了するのはもはや人間が電気的になることではなく、電気が人間的になることなのです。二人の韓国人女優の顔をもとに造形され合成され

(1) カレル・チャペック『ロボット　RUR』阿部賢一訳、中公文庫、二〇二〇年、一八五ページ。

た EveR のシリコン製の優しいそれを見て、唇の動きを見て、左から右へ右から左へ動くその眼を見て、男たちはおそらく、感覚と感情を再現するこの電気の機械に恋をし始めることでしょう。こうして私たちは、『電気のヴィーナス』を経験したときと同形の煌めきにとらえられるのです。なぜそういうことになるのか本当にはわかりませんが、私たちは無機的な事物の生に、人工的な存在の抑えがたい欲望に、同時に魅了され、はねつけられるのです。

　EveR のまだたどたどしい動きが、その表情の限られた幅が、その反応のぎこちなさが、私たちを感動させます。というのもそれはより純粋で、より強く＝激しくないひとつの生を、それ自体にくたびれた人間性のある種の幼少期を垣間見させるのですから。この人間性は、使い切ってしまったために価値を低下させてしまったという感覚をもつ本来の魂を、電気の被造物のうちに見出すことを期待するのです。

　実際には、EveR は電気的〔électrique〕というよりは電子的〔électronique〕な被造物です。私たちがそれをみるときに思考するのは電気ではなく、電気が拡散する情報なのです。電子の時代において、確かに情報は電流を通過しますが、電気はもはや想像力を刺激することはありません。というのもそれは、情報を輸送する便利な道具の一種でしかないのですから。一九六〇年代以降の電子的なものの発展は、実際、使用される電気の量が次第に少なくなることを、単に伝達の目的のために使用されることを、前提としています。

　電子的なものは、ひょっとしたら、電気の脱強化＝激化の一形式以外の何ものでもないかもしれないのです。

電子の約束

私たちがロボットを欲望し始めたのは、ごく単純に、それ自身の強さ＝激しさのルーチーンに退屈した私たちの生が、もはや、機械装置にしか、本当には生きていない生の仮象にしか、好奇心を留めることができなくなったからなのです。電子的存在の様式を望めば望むほど、私たちは、生の欲望に対する私たちの生の欲望の減退を、強さ＝激しさによっては生きていないものへの私たちのリビドーの備給を、示すことになるのです——電子音楽への嗜好によって、バイブやヴァーチャルな刺激によって高められるエロティシズムによって、接続された対象、タッチ・パネルとの日常的な接触によって、年老いた人間性の後を継ぐ技術的シンギュラリティの幻想によって。

電子的な時代とは何なのでしょうか？　それは普遍的な仲介者としての、技術の主役としての電気の消尽の産物なのです。電子情報の伝達には微量な電気しか必要でなく、ごく単純に、伝達において電気の強さ＝激しさは必要不可欠なものではないのです。少量のエネルギーで伝達されるものに対し、どうして大量のエネルギーを消費しなければならないでしょう？　強さ＝激しさはもはや目的ではなく、単に手段になるのです。十九世紀以来、セレン〔元素〕の光電的な特性と結びついた遠隔地にイメージを拡散することへの幻想は、光の、ないしは音声の情報をコード化する単なる道具として電気を使用することに道を開きました。電信技術のエンジニアであったウィルビー・スミスによって研究されたセレン——その電流への抵抗は温めるにつれて減少する——の諸配置は、光の変異の効果を電気的インパルスに移し変えることを、光の情報を電気の情報に暗号化することを、それを遠隔地に拡散することを、そして電気の情報から出発して光の情報を、つまりイメージそれ自体を再構成することを期待させたのです。一八七八年、示し合わせたわけではなしに、三人の研究者が同時に、写真イメージを遠くに伝達する媒質として、光の露出に応じて電流に働きかけるセレンの特性を用いることを提案しました。これがポルトガル人アドリアーノ・デ・パイヴァの「テレスコープ」の、フランス人コンスタンタン・センレックの「テレクトロスコープ」の、米国人ジョージ・R・キャリーのそれの、原理だったのです。「テレ‐ヴィジョン」の遠く離れた祖先であるセレンは、光を電気に翻訳する場所でありたいというそれ自身に据えられた狂気的な希望を具体化することはありませんでしたが、それは確実に、新しい幻想の時代を開始したのでした。つまり、光のイメージ情報への分解とその信号の形式での拡散という新しい幻想の時代を。こうした幻想において、もはや電気は少量のエネルギーで情報を伝達する手段以外のものではありません。それは弱ければ弱いほど使いやすく、経済的でさえあるのです。私たちの強迫観念は少しずつ強さ＝激しさから解放され、むしろ情報に関わるようになります。私たちはこうして、そうと気づかずに、半分夢遊病者のように、私たちの倫理的条件をふたたび変容させる新しい夢想に入り込んだのです。これが電子の夢であり、ロボットはその肖像、望ましい顔なのです。

というのも情報はもはや強度的なもの〔l'intensif〕に関わるのではなく、延長的なもの〔l'extensif〕に関わるのですから。それは――音の、光の、触覚ないしは電気の圧力の――あらゆる変異の部分部分での切り分け、解体、処理、計算、再構成なのです。これはシャノンで説明される質量によってなされ、その尺度は二進数のビットなのです。情報の概念は電気の強迫観念によって開かれた歴史的一時期の幕を閉じ、まさに、電気の強さ＝激しさによって私たちがそこから救われたところのものへと私たちを送り返すのです。つまり量化に、部分部分〔partes extra partes〕での切り分けに、ビットごと〔bit by bit〕の普遍的な計算に。物理的な物質にしか適用されない空間的な延長よりも有効な情報は、知覚的にせよ非知覚的にせよあらゆるデータを、あらゆる揺動を、あらゆるエネルギー消費を——実際にはあらゆる強さ＝激しさを——比較可能な量に還元することを可能にします。

人間のテクノロジーにおける電子的なものの一般化は、おそらく、大いなる電気の幻想の終焉を徴づけるものでした。もう数十年にわたり、私たちのまわりで電気は、パケットやビット、オクテットの形で交換される情報の謙虚で、中性的で、控えめな召使い以外の何ものでもなくなってしまったのです。二十世紀の最後の三分の一以降、もはや誰も本当には電気の力に驚き、感嘆することがなくなりました。こうした熱狂は時代遅れのものとして響き、私たちを十九世紀の想像力へと送り返します。「スチーム・パンク」と呼ばれるＳＦの流れの中でのように（そこではまだ電気がひとつの驚嘆なのです。ヴィクトリア朝時代には、産業的に、まだそれが開発されていなかったと考えられているのですから）。電流とその信じがたい強さ＝激しさは、現代の想像力において、コンピュータやデータの計算、デジタルな世界にその場を譲ることになります。十八世紀以来人間たちのこころを高揚させてきた強度的な倫理は、ほとんどつま先立ちで、私たちの夢の舞台から姿を消したのです。電流が私たちの幻想的な表象において控えめになるにつれて、その影響力は失われていったのです。生の至高の価値としての強さ＝激しさは、観念とイメージの前代未聞の連携から生まれました。ひょっとしたら、これこそがモデルニテと呼ばれるものだったのかも知れません。電流によって与えられるこうしたイメージが同様の自然発生的な熱狂をもはや引き起こさなくなったときも、自由な世界と消費社会において、強さ＝激しさは倫理的な理想として価値を保ち続けました。しかし、すでにルーチーンの効果で蝕まれはじめた強さ＝激しさは、そのピトレスクな特性を失ってしまったのです。

モデルニテの電気の倫理が、私たちの人間性の古い化石燃料の使い尽くされた鉱脈のようなものであるとすれば、明日の電子の未来を想像しなければならないのでしょうか？　かつて電気のエネルギーに影響された人間のあり方を思い浮かべた以上、今度はロボットへの魅了によって着想を得た新しい人間のあり方を思い浮かべなければならないのでしょうか？　トランス・ヒューマンの考察に続き、次々に電子の倫理が出てくることでしょう。こうした倫理の数々は、積極的に、私たちの有機的で、感性的で、電気的な生の超克を提示することでしょう。ロボットや人工知能、電子的な創造物に合わせて作られた生に利する仕方で。これらのものは苦しみや病気や死を最小なものにし、私たちの生の強さ＝激しさを、認知的情報のより優れた処理や、記憶や統合、再認に関する能力の改善と交換するのです。かつての電気と強さ＝激しさがそうであったように、あるいは今日の電子と情報がそうであるように、イメージと観念が結びつくや否や、新しい倫理的条件が私たちに約束されるのです。

　しかし、電子の約束が私たちに送り届けるすべてのものは英知と救済の技術的なバージョンでしかないのです。思考に課された生の強さ＝激しさから、生に課された思考の情報への移行です。電子の約束は私たちの倫理的意識が捉えられている倫理的鋏から私たちを救い出すことは決してありません。それは圧力を加速させる以外のことは絶対にできません。それゆえ、私たちはこうして二重の仕方で挟まれるのです。強い＝激しい生と宗教の英知や救済とのあいだに。それと同時に電気的な生と明日の電子的な生とのあいだに。電子的な生は、私たちが教育された電気的な強さ＝激しさの理想がいかにして時代遅れなものになったかを、少なくとも私たち自身には、理解させてくれます。たとえ私たちが、実存の多くの領域において、強く生きることの、速く生きることの、強く＝激しく生きることの、近代的な命令に従い続けるとしても。全く疑いなく、数々の他の理想がすでにその輪郭を見せ始めています。幾人かの者は情報の存在様式に基づく生を信奉するでしょう。保存され、長く続くデータに要約される生を。

これはその性質が強化＝激化されるのではなく、より効率的になる生です。増加する記憶力、高まる集中力、コントロールされる気分、引き延ばされる死。こうした新しい約束を信じることは、消尽する電気の倫理の教えを受け取らないことなのです。これは、思考を生に還元することを望んだ後に、生を思考に還元することを望むことであり、有機的な生を取り除いた存在を煌めかせることによって、英知と救済の希望に唯物論的な類比物を提案することなのです。これは、それを保持するというよりは、再び、生きるという感覚を還元し、あるいは演繹することなのです。

　私たちが要求するのはひとつのことだけです。それは私たちにいかに生きるかを示す魔法の定式ではなく、それを還元し、あるいは演繹するすべてのものに対する私たちの生きているという感覚の抵抗を思考することを可能にする保証なのです。大きな子供のように、私たちは思考が私たちに生きる意味を明かすことを、それが私たちに実存の諸規則を教えてくれることを待つことはできません。私たちが倫理に希望するのは、それが私たちに、その実現という名目であれ、私たちの生の強さ＝激しさを破壊しない可能性を保証することだけなのです。生きているという感覚を失うのであれば、永遠に生きたとして何になるでしょう？　強い＝激しい生や永遠の生（それが精神的なものであれ物質的なものであれ）を約束してもらう以上に、私たちはただ、生きている限り生きていることを感じる可能性を約束してもらうことを求めるのです。

　私たちがその問題の解決策を求めているわけではないことを理解するためにはこうした要求を説明すれば十分です。それを明確に定式化することは、すでに、私たちの返答を与えることができたということなのです。問題は鋏の囚われから逃れることではなく、ただそこで抵抗することなのです。

どちらの肩も持たずに

倫理的議論の全困難はこうしたものです。すなわち、生きる存在のうちで生の強さ＝激しさを維持するための最終的な解決は存在しないということなのです。それを保存するために、思考する存在には絶えず生に抵抗する以外に選択肢はないのです。私たちを横断し、震撼させ、私たちが感じることだけでなく、私たちが感じる存在であるという感覚を持つことを可能にする神経の、そして筋肉の強さ＝激しさを保持し、維持することは、それに別の価値を対置させることを学ぶことなのです。生は思考に、その数々の理想に抵抗します。生が思考に抵抗しなければならないのは、それが語や観念や概念の要請に還元されることができないからなのです。それが私たちの思考能力によって接近が可能になる平等や単一性、絶対性ないしは永遠性に従って見積もられるものではないからなのです。反対に、思考が生に抵抗するのは、思考がそれらを同一化することなしに、それらを量化することなしに、最終的にはそれらの親密な感覚を無力化することなしに、生の強さ＝激しさや神経の情報、動脈の圧力、ホルモンの変異と関わることができないからなのです。生き、そして思考する存在としての私たちは、生に由来する諸変異と思考によって課される諸同一性とのあいだに絶えざる力関係を有しているのです。この力関係には、生の形式と思考の形式というふたつの要件のあいだで公平に決断する治安判事は存在しません。生と思考のそれぞれの価値に判決を下すのは、生きる限りにおいて、思考する限りにおいて、私たち自身なのです。この判定は、人間的な、さらにはより広く動物的な、あらゆる主体の倫理的活動以上の何ものでもないのです。そしてこれが、経験を収納し、その感覚を思考のシェーマに従属させながらその感情を維持することを努めるのです。生と思考に無理強いをしない限り、いかに生きるべきか、あるいはいかに思考すべきかを演繹することはできないのです。生と思考に留意する者は誰であれ、倫理的な存在なのです。

ふたつのあり得る裏切りが、その活動の領域の境界を確定します。最初の裏切りは生を守るために思考することであり、二番目のそれは思考に従って生きることです。前者は強い存在の格率であり、道徳と理性の上部に位置づけられます。後者は英知的な存在の原理であり、これは真理に従属します。一般的に、これらふたつの立場は至高の知性の表現、あるいは大いなる英知の表現として理解されます。これは、生きるものと思考するものの相異なる価値の還元不可能な分節に関わる不幸な無理解なのです。強い人間、自由な人間、その生を説明するため以外には決して思考しない者は、実際には、多かれ少なかれひっそりと自らに理性を与える仕方で言葉と観念を操る人間なのです。その関心を追い求めながら、彼は自らのうちでその生の形式を逃れるものを支配します。彼は諸真理のうちに、その愛や憎悪の類比物を探求します。そしてその実存を、現実にはその衝撃や反撥、人知を超えた欲望である親密な力のうちで表現されるものを、大いなる観念で説明するように仕向けるのです。こうした力は合理的には正当化できないものであり、その気質や伝記にしか関係しないものであるにもかかわらず。彼は概念の抽象的な世界が自らの嗜好や生きる方法を考慮にいれて振舞うことを望みます。普遍的な思考を特異な生の形式の補助として用いるのです。

その思考の教えに従って生きる者、賢者＝英知的な存在〔sage〕であるような者について言えば、彼は諸秩序の混同という対照的な誤謬を犯しています。彼はその意志の力によって、普遍的な観念をその特異な身体に課すことができると考えるのです。彼はその実存の強さ＝激しさを少しずつ抽象的な実体に還元することを自慢するのです。知性によって保持される原則に従って生きるために一貫していると自慢する者は誰であれ、動物の群れに石のように振舞うことを教えたことを鼻にかける奇妙な動物使いのようなものなのです。反対に、生の形式の諸特異性を普遍的なモデルに変換させるためにその思考を用いるものは誰であれ、彫刻した後でその石を生きる動物の群れのように扱う人間と同じくらい信用できないものに思われるに違いないのです。現実には、生きるものの強さ＝激しさを思考の真理に従属させる賢者＝英知的な存在ないしは宗教家は、そしてまた電子の新しい倫理を保持する者は、さらに広く見れば「道徳」という言葉によって抽象的な原理と生の行為の一貫性を理解するすべての者は、すべてが強い＝激しい生き生きとした世界から、そしていかなるものも強く＝激しくない世界から、規則を演繹するのです。そしてまた、生はそうであるように望まれるものと、それがそうであるよう課されるものと、一致することは決してないのです。なぜならそこにはより多い、ないしはより少ないしかないのですから。私たちの表象は生に切り分けと同一性を割り当てますが、いつも、その下から変異する知覚が終いにははみ出してくるのです。吸水紙に広がるインクのように。定規で引かれた境界線はそれを正確に包含することができないのです。

　しかし、逆の仕方で振舞い、思考のカテゴリーを生の運動や変異に対応させることを望む者は同様な幻滅を予期しなければなりません。代償を支払うことなしに、思考が感性的な強さ＝激しさを真似することは決してないのです。思考を感性的に、そして強く＝激しくしようという希望にはその倫理的な帰結が見えていないのです。生の形式を取る思考は、生に思考の形式を押しつけもするのです。かくして、あまりにも強い＝激しい思考はいつも、すぐに、終いにはあらゆる強さ＝激しさを無力化することになり、強さ＝激しさを新しい同一性としてしまうことになるのです。思考として通用するすべてのものは、いわば脱強化＝激化され平等な状態で再びそこから外に出るのです。一度考えられるや否や、あらゆる事物は確定され同定されることになります。想像する黄金の果実の木であれ、眼前に見る木であれ、枝のあいだでみえる光の変異であれ。残念ながら、私たちの観念や理想を強く＝激しく、電気的に、生き生きとしたものにするよう努めたモデルニテは、終いには、強さ＝激しさそれ自体を同定することになってしまったのです。よかれと思い、モデルニテは強さ＝激しさから概念を、思考の純粋な対象を生みだし、それから野性的で還元不可能な性質を取り除いてしまったのです。言葉や観念を逃れるものの至高の価値を言葉や概念によって肯定すればするほど、私たちはこの生を抽象的な事物に変換し、その強さ＝激しさを無力化された観念に変換するようになるのです。それを保存する唯一の手段は、思考によって、それを思考それ自体から区別することです。差異に、変異に、より多いより少ないに従属するものと、それに抵抗するもののあいだの性質の違いを考えることなのです。差異や変異、強さ＝激しさに思考を基礎づけたと主張することは、あいにく、これらの価値を損なうことであり、私たちの感情のルーチーンに従属させることによってその喪失を早めることなのです。

私たちは生きるために強い＝激しいのですが、思考するために、平等なのです。このように生きるのだからこのように思考すべきであるとか、このように思考するからこのように生きるべきであると考えることは、思考する全存在による、その内で感じるものと思考するものとの大雑把な、しかし必然的な概念的区別から生まれた倫理的緊張関係を破棄することなのです。

思考の観点から、生の観点から

もちろん、生と思考があたかも無関係なふたつの概念であるかのように区別されるのは思考の観点からだけです。生の観点からすれば、思考は生きるものの特異な強さ＝激しさ以外の何ものでもなく、私たちの思考する部分は、生き、感じ、苦しむ部分から完全には切り離せないものなのです。

熟考する限りにおいて、神経の末端から脳の活動の中心にいたるまで、神経的メッセージを受け取り、処理し、組み入れる神経のシステムに属するものと、思考によってアクセスできる世界、すなわちすべてが平等に存在する同定可能で再同定可能な単一な諸実体の世界とを区別しないことは不可能なのです。私は変異する強さ＝激しさが問題になっているかのように思考するものを取り扱うよう努めることができます。歩きながら飛ぶ振りができるように、概念の境域において生を真似することができるのです。これが強さ＝激しさの諸形而上学が実現させようと試みていた変質なのです。しかし思考は、生をモデルとすることによって、実際には、生の諸価値を損ない、私が思考する強さ＝激しさは、じきに、無力化され同一性に還元されてしまうのです。それゆえ思考には、区別されるが平等な実体の数々の内で変異する強さ＝激しさを同定し、差異化し、それゆえ細分化する以外にできることはないのです。思考にとっては、生と思考は、常に、調和を欠いたふたつの王国として現れることになるでしょう。

倫理的に生きるために私にできるのは、平等と強さ＝激しさとのあいだの、概念化と感性とのあいだの、思考する限りにおいて私があるところのものと生きる限りにおいて私があるところのものとのあいだの、区別や差異を思考することだけなのです。しかし、まさに生きる限りにおいてはもはやこうした区別がなくなるのです。私は決して、感じるものと思考するものの最終的な区別を感じることはないでしょう。それゆえ、感性的な生においては、私の言葉や理想は、常に、私の固有な感覚の数々や伝記的経験の数々に基づく同じくらいの変調として現れるのです。

倫理の正確な概念化を得るためには、連続的なものと非連続的なもののあいだにある二重の分節を思い浮かべられなければなりません。生きることは連続的なものの経験を、変異する強さ＝激しさの経験をすることです。思考することは世界を異なる諸実体に切り分けることです。それゆえ、生と思考の差異を思考することは、生と思考を区別することなのです。しかし生と思考の差異を生きることは、その反対に、生と思考のあいだの連続性と揺動を感じることなのです。ところで倫理は、一方が他方に主導権を持つようなことが一切ないような仕方で、思考された生と生きられた思考を組織することなのです。まず、言葉に移されるやいなや間違ったものとして響く生の自発性に対する思考の頑固な抵抗を組織しなければなりません。そしてまた、抽象的な思考が生に課されることを、生に感じているものを書き留めさせることを、さらには生に、それが賢者＝英知的な存在になるときや救済されたときのそれのようになることを約束するのを妨げなければなりません。

ひとが思考もする存在であるとき、生きているという感情はこうした対価を要求するのです。

山々の稜線を思い描き、どちらの倫理的虚無に落ち込むこともないように努めながらこの稜線の上を歩かなければなりません。ふたつの断崖が存在の道を縁取っています。それは一方で私たちが生きているものをモデルとして思考することの誘惑であり（これは強い＝激しい人間の欲望です）、もう一方で、私たちの思考をモデルとして生きることの誘惑なのです（これは賢者＝英知的な存在や信仰する人間の希望です。そしてまた、ひょっとしたら、電子の約束でもあるかもしれません）。

倫理的な生とは、英知的な生でもなく、電気的な生でもなく、救済の探求でもなく、強さ＝激しさの自発的な追及でもないのです。それは強さ＝激しさに身を投じないことも、そこから解放されることを求めないこともできる生のことなのです。それはあらゆる言説を横断して曲がりくねる狭い道なのです。そしてこの道を歩むあいだはいつも、強く＝激しく思考するよう言う者たちにも、平等に生きるように命じる者たちにも、耳を貸してはいけません。彼らはこうして私たちの一部分を別の部分に従属させ、生の最良の部分、その生き生きとした特性を無駄遣いしてしまうのです。反生産的な肯定のためにそれを使い果たしてしまうにせよ、それを否定し別のものを望むにせよ。生の強さ＝激しさを肯定も否定もしないためには、抵抗の内でこの強さ＝激しさを感じることを学ぶ必要があるのです。ひとが生きていることを感じられるのは、生に抵抗する思考に耐える場合のみであり、ひとが思考していることを感じられるのは、思考に抵抗する生に耐える場合のみなのです。

ふたつの対立する衝動に支えられた私たちは、ひょっとしたら、稜線の上でバランスを取り続けることができるという幸運に恵まれているのかもしれません。

幸運

私たちが本書で試みたような仕方で思考することは、私たちの生に倫理的な結論を課すものではありません。ある議論の倫理的な機能は、それを読む者に強制的な効果を生みだすことではなく、生が混同しがちなもののあいだの差異を保存することです。よく考えられた事物は、最終的には、異なるが平等なものとして、平等だが異なるものとして私たちの前に現れうるものなのです。これが思考の理想です。思考は生を拘束することはありません。思考は生にその統治を課すことはありません。そうではなく、思考は生に異なるが平等な諸観念を提示することを試みるのです。事情をよく理解した上で生きるために。

生きることと思考することはどちらも重要なことです。しかし、よく思考することは生きるように思考することではなく、よく生きることは思考するように生きることではありません。一貫することへの誘惑に抗さなければなりません。しかしそれでは、いかに生きるべきなのでしょうか？　私たちは、最終的に生を新たな法則に従属させるために、考えるものと感じるもののあいだの倫理的秩序に関する区別を行ったのではありません。私たちにとって重要なのは、近代の消尽した条件を置き換えることでもなく、別の服従によって生の強さ＝激しさの要請に従属することでもありません。この探求の最後には、ひとは道徳の内容を確定することができないことを、法的な力としての思考に取り組むことを拒否することを理解することになるでしょう。その反対に、最終的には、私たちは思考によって規則を定められたり、生に従属したり、あるいは生によって秩序付けられたり、思考に従ったりすることから解放されるのです。「私たちはいかに生きるべきか？」という問いに対する唯一の正しい倫理的答えは「より強く＝激しく生きるように生きるべきである」でもなく、「真理や救済、あるいは絶対的なものを知る仕方で生きるべきである」でもなく、「生きる有機体であるという感情を失うことがないように生きるべきである」なのです。「私たち」という表現で私たちが誰を理解しているかを知るのはまた別の問いです[2]。これは政治的な問いであり、倫理的なそれではありません。最良の生きる仕方を考えるのが倫理であり、その主体が誰かを確定するのが政治なのです。私たちが理解する意味においての倫理は、個人にも、共同体にも、全人間性にも、ひょっとしたら人間以外の動物たちにも、適用されるものかも知れません。人間は知覚し認識する唯一の存在ではないのですから。感性的な存在である他の私たちのために、思考は異質な生に関する観点を生に与え、私たちがそれを欲望することを可能にするのです。こうして

(2) Cf. Tristan Garcia, *Nous*, Grasset, 2016.

私たちは、思考するという能力を倫理的な仕方で用いることができるのです。生を欠如や明白なものとするような仕方ではなく、感情をほとんど理解不能なものにするような仕方で。息を吸う感情、時間とともに変異する光や影を見る感情、騒音や声の耳障りな音が行き来するのを聞く感情、神経的でホルモン的であるという感情、別の仕方で興奮し、打ちひしがれ、疲弊し、平穏で、猛り狂ったものとして自分自身を感じる感情、私たちは死んでいるのではなく、依然として変化をしているのだということを理解する感情を。

　生きていることがほとんど奇跡的なものとして私たちに現れるのは、思考の抽象的な世界という観点から見たときなのです。知らない国を発見する好奇心旺盛な外国人のように、私たちの熟考する部分は身体として世界に住みつくことを楽しむことができるのです。反対に、私たちの感じる部分は観念としての世界に属することに熱狂することができるのです。

　こうして私たちは、この探求の最後に理解します。私たちにとって重要な生の強さ＝激しさを保持することを想像できるのは、強さ＝激しさを思考に対置する限りにおいてであり、思考を強さ＝激しさに対置する限りにおいてでしかないことを。この意味において、私たちが倫理的な生を考えるのは、観念が私たちの生きる仕方に対応することを頑なに拒むことによってのみであり、この生が私たちの大いなる観念に従うことを頑なに拒むことによってのみなのです。私たちの倫理的特性は、それよりももっとずっと繊細なものと考えられているのです。

　思考の世界において、私たちは「幸運」〔chance〕という概念を見出します。すなわち、ある事物において演繹されることも、還元されることも、無化されることもないもの。あらゆる事物から、平等に、他の事物と比べてより多くもより少なくもない何かを生み出すものを。何かの幸運を思い描くことによって、私たちは、強さ＝激しさがない、ある平等な世界の表象にアクセスすることができ、この世界は私たちが生きるすべてのものの絶えざる変異に抵抗します。こうした平等な何かを考えることによってのみ、私たちは、その実存が送り届けられる強さ＝激しさの反対物を使用することができるのです。私たちの生きる特性を否定するためにそれを使うのは間違いであり、むしろそれに抵抗すべきなのです。抵抗することは「イエス」ということを拒絶することであり、そしてまた「ノー」ということを拒絶することでもあるのです。倫理的であることは耐えることを、生の連続する流れにある種の不動性を対置することを意味し、これは言葉や観念のうちで、常に異なる感覚から私たちを引き離す同一性のうちで説明されるものなのです。かくして、各人は生きていることを感じることを望むことができるのです。具体的に自身の思考する部分に抗して、その知覚の、その変化する欲望の、その内的な電気の流れの強さ＝激しさを感じることによって。思考のダムが決壊すれば流れはすべてを運び去ってしまいます。そしてじきに、抵抗がなくなると、生の絶対的な運動はもはや、永久の、惰性的な、ルーチーン的な何かの感覚しかもたらさなくなるでしょう。反対に、思考が私たちの自然の流れを完全に止め、制御し、支配すると、生き生きとした水はよどみ、最終的には死んでしまうのです。生き生きとした強さ＝激しさはもはやよどんだ水たまりや永遠の生、救済された生以外の何ものでもありません。しかしそれは惰性的な生なのです。

　生の力はとても繊細なものなのです。可能な限り長く生きていることを感じるためには観念と感覚の尾根の上に留まらなければならず、肯定の眩惑に譲歩することも、否定の深みに落ち込むこともあってはなりません。それをあまりにも強く肯定することは、終いにはそれを否定することになるのです。しかし、それを否定することがそれを肯定することなのではありません。単に、それ自体に抗して生の力強さを幾分か倒錯的に使うことなのです。それを横断する力強い流れに敏感でないときには、生き、思考する存在はいつも敗者なのです。その思考は、終いには、その存在の最も強い部分を無力化することになるのです。感性的な生の幸運とは以下のようなものです。すなわち、感性において、他のいかなるものにも還元されることがないものなのです。これは何かを感じるすべての存在の親密な宝であり、その諸感覚の真珠であり、それにしか属さないそれの一部分なのです。生きるものの生を持たない普遍的な観察者であることはできないという感情なのです。

その内で、それを生き生きとしたものにするこうした感覚を保持しようと努める以上に生にできることはあるでしょうか？ ひとはこれを誰にも約束することができませんが、しかし、各人は時間をかけてそれを維持することを望むことができるのです。感性的で知性的な存在にとって、生きているという幸運を、それを取り消すことなく、思考できるようになること以上に強い＝激しいものは何もないのです。

謝辞

両親に、アレクサンドル・ラクロワとオートルマン社に、ヴァンサン・ノルマンに、フローラ・カッツに、ペリーヌ・バイユに、サンテルムのパフォーミング・アーツ・フォーラムに

訳者解説

本書はフランスの哲学者トリスタン・ガルシアによる *La Vie intense. Une obsession moderne*, Autrement, 2016 の全訳である。書物の形としてはガルシアの最初の邦訳でもあるので、作者について、著作について、少し詳細な解説を行うことにしたい。

本稿「訳者解説」は三節で構成される。第一節ではガルシアの理論的な著作を概観し、『激しい生』の位置付けを確認する。本書が「小著」ながらガルシアの哲学の中心に位置する示唆的な著作であることが理解されれば幸いである。具体的に本書の内容を振り返る第二節では、「イントロダクション」を含む全九章について、内容やポイントを概説する。訳者の視点から、ガルシアの思考法についてやや細かい指摘がなされることもあろう。最後の第三節では、本書のキーワードである「強さ＝激しさ」(intensité) について、他の著作での扱いをみていく。そこでは、ガルシアの哲学において、この問題が「主題」でもあり「方法」でもあることが確認されることになるだろう。

それでは、具体的にみていくことにしよう。

第一節　トリスタン・ガルシア紹介

一九八一年生まれのトリスタン・ガルシアは、現代フランスにおける気鋭の哲学者のひとりである。パリ高等師範学校でアラン・バディウやカンタン・メイヤスーらに哲学を学び、二〇〇八年にアミアン大学で博士号を取得。現在はリヨン第三大学で准教授を務めており、マウロ・カルボーネ（『イマージュの肉　絵画と映画のあいだのメルロ＝ポンティ』西村和泉訳、水声社、二〇一七年）らとともに「美学」の領域を担当している。

しかし、その著作は「美学」の枠に収まるものでは決してない。参考までにタイトルの試訳とあわせ著作一覧を作成する。

① *L'image*, Atlande, 2007.（『イメージ』）
② *Arts anciens, arts nouveaux. Les formes de nos représentations de l'invention de la photographie à aujourd'hui*, Thèse de doctrat, Université d'Amiens, 2008.（博士論文『古い芸術、新しい芸術　写真の発明から現代までの私たちの表象の形式』、未刊）
③ *Nous, animaux et humains. Actualité de Jeremy Bentham*, Bourin Éditeur, 2011.（『動物にして人間である私たち　ジェレミー・ベンサムの現代性』）
④ *Forme et objet. Un traité des choses*, PUF, 2011.（『形式と対象　物についての試論』）
⑤ *Six Feet Under. Nos vies sans destin*, PUF, 2012.（『シックス・フィート・アンダー　運命なき私たちの生』）

⑥ *La Vie intense. Une obsession moderne*, Autrement, 2016.（『激しい生　近代の強迫観念』、本書）

⑦ *Nous*, Grasset, 2016.（『私たち』）

⑧ *Kaléidoscope I. Images et idées*, Léo Scheer, 2018.（『カレイドスコープⅠ　イメージと観念』）

⑨ *Kaléidoscope II. Ce qui commence et ce qui finit*, Léo Scheer, 2019.（『カレイドスコープⅡ　始まるものと終わるもの』）

⑩ *L'Architecture du possible*, PUF, 2021.（『可能なものの建築』、ジャン＝マリ・デュランとの対談）

書籍には未収録であるが印象的な論考として以下がある。

⑪ « Critique et rémission », in Mehdi Belhaj Kacem, *Algèbre de la tragédie*, Léo Scheer, 2014, p. 245-306.（「批評と小康」、メフディ・ベルハジ・カセム『悲劇の代数学』の「あとがき」）

⑫ « Une boussole conceptuelle. Orientation épistémique et orientation épistémologique des réalismes contemporains », in Emmanuel Alloa et Élie During (dir.), *Choses en soi. Métaphysique du réalisme*, PUF, 2018, p. 41-56.（「概念の羅針盤　現代実在論の認識論的方向と存在論的方向」伊藤潤一郎訳、『現代思想』二〇二一年一月号、六二－七四ページ。原書ではエマニュエル・アロア、エリー・デューリング編『数々の物自体　実在論の形而上学』所収）

⑬ « Pour une métabolisation », in Laurent De Sutter (dir.), *Postcritique*, PUF, 2019, p. 259-292.（「メタボ化のために」、ローラン・ド・シュテル編『ポストクリティーク』所収）

グループ化してみていくことにしよう。すでに述べた通り、ガルシアは「美学」の（鍵括弧付き）「専門家」である。この分野についての主著は、現時点では刊行されていない②の博士論文であるが、これは録音技術や撮影技術の誕生以後の二十世紀の「美学」を探究するものである。

その成果の一部は教授資格試験の副読本として刊行された①の内にみることができるが、同書は「イメージ」に関する概説的な書物であり、例えば、同書でも参照されるサルトルの『イマジネール』を彷彿とさせるようなものである。しかし、もちろん、その後に登場した新しい表象文化や（フランスでは比較的最近研究が進んだ）英語圏の美学や視覚芸術論、さらには動物論や「思弁的実在論」の著作（メイヤスー『有限性の後で』）にも目配せがなされている。いわばサルトルの「アップ・デート」とも言えよう「新しい試み」である。

さらに、「美学」の分野で興味深いのは、ガルシアが「テレビドラマ」に関心を寄せていることである。⑤は英語圏のそれに関するものであり、これはガルシア自身が編纂者を務める「テレビドラマ」に関する叢書から刊行されている。いわゆる「フランス現代思想」が「写真」（バルト）や「映画」（ドゥルーズ）について言及するようになってからはすでに久しいが、本格的に「テレビドラマ」に手をつけたのは、あるいは、ガルシアが初めてかも知れない。また、二〇一八年に刊行が開始された評論集『カレイドスコープ』（⑧・⑨）には漫画やコミックスに関する論考も多数収められている。ガルシアが探求するのは「新しい美学」であり、日本の文脈では「表象文化論」と呼ぶこともできようものなのである。

しかし、こうした公式の専門である「美学」に対し、ガルシアの哲学の軸にあるのは「形而上学」の探求である。その主著と言っていい『形式と対象』（④）は「形式的に」そして「対象的に」ふたつのアプローチで「物」に迫る極めて独自の「形而上学」の書であるが、いわゆる「思弁的実在論」の文脈で紹介されることも多い。事実、グレアム・ハーマンによる「オブジェクト指向存在論」などとは共有する問題も少なくなかろう。同書についてはすでに英訳が刊行されており、英語圏ではそれについての研究も刊行されている。日本でも邦訳が俟たれる同時代の「哲学書」の一冊であろう。ガルシアによる「現代実在論」への「応答」としては⑫の講演もあり、これについてはすでに邦訳が発表されている。

「美学」と「形而上学」に続いて重要であるのはガルシアにおける「動物倫理」あるいは「動物行動学」への関心である。これは『形式と対象』の第二部（「対象的に」）などでも扱われる問題であるが、最も包括的に論じられるのは十八世紀イギリスの思想家ジェレミー・ベンサムの再評価と絡めて論じられる③である。同書では現代の「動物論」を網羅的に読み組んだ上で、カフカやクッツェーなど、近・現代文学における動物の扱いにも目配せがなされている。なお、本稿では詳しく触れることができないが、ガルシア自身も多数小説を著しており、『ジャングルの記憶』と題される代表作の一冊は言葉を覚えたサルを語り手とするものである。「動物」という主題は、独立した関係にあるようにみえるガルシアの哲学と文学を結ぶ結節点であると考えることも出来よう。

ガルシアの哲学の主要な領域はこの三つ――「美学」、「形而上学」、「動物倫理」――であるが、厳密に言えばこれをはみ出す著作もないではない。一覧でみるとその著作の多くに「私たち」という表現が含まれていることが一目瞭然であるが、文字通りそれをタイトルに掲げるのが⑦であり、これはいわばガルシアの「政治哲学」の書と見なすことができる。「私たち」という政治的主体を可能な限り広い射程から概観し直すこれも野心的な著作であるが、こうした著作をみれば、ガルシアが単に「思弁的実在論」の論客ではないことが理解されるはずである。同書では、例えば、フェミニズムの理論などについても網羅的な参照がなされている。

こうした基本軸を踏まえた上で、著者の執筆活動における「フェーズ」ということを考えるならば、ここ数年はその仕事を「綜合」(synthèse) するような著作が増えていることが印象的である。すでに述べた通り、二〇一八年に開始された評論集『カレイドスコープ』は――これも例えばサルトルの『シチュアシオン』シリーズのように――それまでの未収録原稿を網羅的に収めるものであり、今年二〇二一年に刊行された⑩の対談集はその仕事を包括的に振り返るものである。最初の嵐のような「強い＝激しい」出版ラッシュが幾分か落ち着き、第二期に向かうような時期にあるような気もしないではない。最初の訳書を刊行するタイミングとしてはちょうどいい時期だったかも知れない。

さて、ここまでの話で意図的に言い落してきたのが本書『激しい生』のことである。実を言えばこれは、ここまで見てきた軸には正確には収まらないものである。すでに読まれた方はお分かりの通り、本書では「テレビドラマ」を含む「美学」に関する言及も数多く、(本稿第三節で詳しくみる通り)『形式と対象』の「形而上学」の余白で書かれたというような趣もある。また、「動物」こそ出てこないものの「ロボット」を通じて「非人間的なもの」に迫る書物でもある。さらに、次の節で詳しくみる通り――そしてこれ自体が興味深い選択であるように思われるのだが――本書は「倫理学」の書を自認しており、第八章のある箇所では、その姉妹編ともなろう「政治哲学」の書との差異が説明されている。これは同年に刊行された『私たち』のことであろう。

つまり、『激しい生』は現在までのガルシアの全著作の中心にあるテクストと言えなくもないものなのである。かつてサルトルの講演原稿「実存主義はヒューマニズムである」が『存在と無』なり『弁証法的理性批判』なり、その哲学的主著への最良の「イントロダクション」の役目を果たしたように、

『激しい生』はガルシアの著作を読み始め、読み進めるための重要な「手がかり」になるのではないかと訳者は考えている。
それゆえ、次節では少し詳細に本書の内容を振り返ることにしてみたい。

第二節　『激しい生』を読む

本書『激しい生』は二〇一六年に刊行された著作であり、ガルシアにおいては「小著」の部類に入るものである。本書が収められるのはオートルマン社の叢書「大いなる言葉」(Les Grands Mots) であるが、作家・哲学者アレクサンドル・ラクロワによるこの叢書は、著名な哲学者による一般向けの書物を集めるものである。例えば、邦訳があるものとしては古典学者バルバラ・カッサンによる『ノスタルジー』(馬場智一訳、花伝社、二〇二〇年) がある。本書『激しい生』はフランスではすでに文庫化もなされており、また、英語やドイツ語の翻訳も刊行されている。フランス本国でも、世界的にみても、広く読まれている著作であると言えよう。

受容に関して少しだけ述べると、本書が英語圏では、まさに、グレアム・ハーマンの手による「思弁的実在論」の叢書のなかに収められているのは少し気にかかる。すでに述べた通り、ガルシア自身はこうした枠組みで全容を捉えられる哲学者では決してなく、また、『激しい生』自体もほかのあらゆる分野と隣接するものである。それゆえ、「思弁的実在論」の流れでガルシアの名前と出会った読者も少なくないとは思うが、まずはそれをいったん忘れ、本書に臨んでいただければと訳者としては思う。

それでは、具体的に本書を振り返っていこう。

まず、本書は長文の「イントロダクション」とともに開始される。これは本書全体を予告するようなものであるが、通常の「イントロダクション」が求められるような役目――書物の読みやすさに貢献するという役目――を忠実に果たしているものとは言い難い。「強さ＝激しさ」というキーワードについてとりわけ丁寧な説明があるわけでもなく、話はすぐにあらゆる領域に拡散し、ガルシアの文体的な「十八番」とも言えよう――そして翻訳者泣かせの――目的語の「激しい」列挙が続く。訳者として率直な感想を言えば、この箇所を読み始めた読者が幾分か面食らってしまったとしても仕方がないと思う。それゆえ、場合によっては第一章から読み始め、最後に「イントロダクション」に戻り全体を振り返るというような読み方があってもいいのではないかと思う。第一章から第八章については概ね時系列に沿って話が進み、順に読むのが正攻法と言えよう。

その上で一点だけ指摘すれば、この「イントロダクション」ではその後直接的には触れられない論点がひとつ書き留められている。それは「美的な強さ＝激しさ」(intensité esthétique）と呼ばれる問題である。具体的にはヴィクトル・ユゴーの名高い『クロムウェル』序文」などを踏まえるものであるが、この話は近代の「強さ＝激しさ」によって「美」に関する古典的な「カノン」が解体されるという文脈で登場する。このとき「美」は古典的な「理想」に照らして定められるものではもはやなく、例えば「グロテスク」が「崇高」に反転するように、必ずしも「美」ではない別の「美」が模索されるようになる。ガルシアに言わせればこれも「強さ＝激しさ」の問題であり、近代においては――とりわけロマン主義者たちにとっては――「強く＝激しく」そうあるものが美しいとされることになる。

すでに述べた通り、本書は「倫理学」の書を自認しており、そこではもっぱら「強い＝激しい」近代人の「倫理」が問題になるのだが、それを開始する際、「イントロダクション」で問題になるのはむしろその「美的な強さ＝激しさ」であり、「美学」のモデルが問題になっていることは重要な点ではないかと思う。例えば、カントやシラーにおいては「美学」と「倫理」の通底が問題になるが、ガルシアにおいても、「強さ＝激しさ」をめぐりふたつの領域の往還がなされているとみることも出来よう。

枠組みに関する話はこの程度にし、具体的に本編をみていくことにしよう。第一章「イメージ」で問題になるのは十八世紀における「電気」の登場である。ガルシアによれば、この電気こそが「強さ＝激しさ」を具現する近代の特権的な「イメージ」であり、本章では近代人の「電気」との出会いが生き生きとした筆致で描かれていく。それによれば、黎明期における「電気」は一種の「スペクタクル」であり、ドイツのサロンでは実際に観客のブルジョワジーたちを沸かせるイベントが多数行われていたという。詩人は「電気」の詩を歌い、科学者たちは「電気」をモデルとして世界の解明を始める。「電気」の流れ、すなわち「電流」は古代の想像力において「大河」が果たしたように、世界の「生成」を説明する「イメージ」になる。第一章が描くのは広く「電気」と人間のみずみずしい遭遇の一幕であり、これが近代の「強い＝激しい人間」を準備することになるのである。

文化史的で科学史的な趣を持つ第一章に対し、第二章「観念」では哲学史的な議論が始まる。ガルシアが着目するのはアリストテレスの時代の「潜在的な力＝デュナミス」(puissance) から、ニュートンやデカルトの時代の「力」(force) への移行である。アリストテレスの「デュナミス」においては、あらゆる事物がその潜在的な力を秘めており、それは完成への、「現実態」へのエネルギーである。例えば、子供の「デュナミス」は大人になることである。あらゆる事物に固有の力があると考えるこうしたアリストテレスの「形而上学」に対し、近代のそれは別のパースペクティヴを提示する。まず、近代の

「強さ＝激しさ」（intensité）はデカルトの用法による「延長」（extension）と対置される。フランス語の形を見ての通り、ふたつの語は——厳密には対義語ではないが——対になるものである。「延長」においてはすべての事物が「平等」であり、そのあいだで「より多いより少ない」（plus ou moins）ということはない（なお、「plus ou moins」は通常「多かれ少なかれ」という日常表現で、ガルシアは言葉遊びを行っている）。「延長」は力を持たない惰性的な空間であり、これに対し、「強さ＝激しさ」はそれ自体としては形を持たず、「より多いより少ない」という関係性しか持たないものである。これが近代の「力」（force）である。

あらゆる事物の内側にある「潜在的な力＝デュナミス」に対し、「力」はあらゆる事物の外部にある。それゆえに「力」は近代の物理学や形而上学において重要な役割を果たすのであるが、問題は、それが形を、「イメージ」を持たないということであった。そこで現れるのが第一章で印象的に登場した「電気」である。「電気」はまさに、あらゆる事物の外にあり、しかし、あらゆる事物に働きかける「力」という「観念」に「イメージ」を与えるものなのである。こうして、まずはスペクタクルのネタでしかなかった「電気」が、近代形而上学の特権的な「イメージ」となるのである。

ガルシアは「哲学者」であり「哲学教師」でもあった——そんなことを思い出させるのが第三章「概念」である。ここでは古典時代の「力」の発見に続き、後続の哲学者らにおける「強さ＝激しさ」の概念化の歴史が語られる。カントやヘーゲルにおいて、「強さ＝激しさ」（intensité）は「延長」（extension）と補完し合うことで形而上学の支えとなる。ふたつの概念の均衡は古典主義期の哲学の重要な特徴である。それが「近代」に入り、ガラッと様相が変わる。ベルクソンの「持続」において、問題となるのは計算可能な時間ではない。これはそれ自体が「強さ＝激しさ」であるような性質である。あるいは、本章の主役は三人の「生成」の哲学者ニーチェ、ホワイトヘッド、ドゥルーズである。ニーチェにおいて、すべては「強さ＝激しさ」になり、ホワイトヘッドにおいて、問題は安定した存在ではなく、それが形成される「プロセス」となる。『差異と反復』の哲学者ドゥルーズはこれを「すべてを強さ＝激しさで解釈しなければならない」という言葉で要約する。このとき、もはや、デカルト的な「延長」はなく、「強さ＝激しさ」は単なるその補完物ではない。すべてが「強さ＝激しさ」になるのである。フーコーにおいて、問題は「主体化のプロセス」になる。ジェンダーにおいても、固定化された性差が問題になるのではなく、「ジェンダー化」が問題になる（本文中では名前が出されていないが、これは『ジェンダー・トラブル』のジュディス・バトラーを念頭に置いているのだろう）。名詞的問題（「主体」・「ジェンダー」）が動詞的問題（「主体化」・「ジェンダー化」）になるという言い方もなされている。

こうして、十九世紀末から二十世紀の哲学・思想において関係が逆転するのである。ガルシアはこれを「近代」あるいは「モデルニテ」の問題ととらえる。この意味において、ドゥルーズやフーコーはよく言われるように「ポストモダン」の思想家ではなく、優れて近代的な思想家なのである。こうして「強さ＝激しさ」はすべての説明原理になった。しかし、これが「強い＝激しい」のは惰性的な「延長」とは別の原理に従う限りにおいてであった。すなわち、「特定」を逃れる限りにおいてであったのである。しかし、すべてが「強さ＝激しさ」になると、「強さ＝激しさ」はそれとして「特定」されてしまう。「特定不可能」なものが「特定」されてしまうという逆説。かくして、歴史は「強さ＝激しさ」を維持するために「概念」とは別の形象を求めることになる。すなわち、「強い＝激しい生」を具現する形象を。

本書において最もイメージが持ちやすく、印象に残るのは第四章「道徳的な理想」かも知れない。前章までの「哲学史講義」とは打って変わり、話は文学史・文化史に移行する。そしてここでは、近代の

「強い＝激しい生」（la vie intense）を体現する形象がはっきりと特定され、生き生きとした文体で描き出されることになる。サドの文学に代表される十八世紀の「放蕩者」、雷雨を歌う十九世紀の「ロマン派詩人」、そして文字通り「電気＝エレキ」を帯びる二十世紀の「ロック歌手」。（ちなみに、タイトルの邦訳「激しい生」は主にこの章を念頭に置き確定させたものである。）

「放蕩者」たちは「神経」を持つ人間としてその興奮を模索する。彼らにとっては、「快楽」も「苦痛」も同じく――あるいは「苦痛」の方がより多く――「強い＝激しい」ものである。部分的に「放蕩者」でもある「ロマン主義者」は、その内の「神経」を自然というその外部の「神経」とリンクさせる。ひとめぼれに落ちた青年は落雷に打たれる。あるいは、英国の画家ターナーの絵は、落雷を、自然のなかに「電球」を描き出す。ある作品の同年に「電球」の走りが発明されていたという「同時代性」の指摘は、なるほど、興味深い。そこではロマン主義的な想像力（落雷）と、モデルニテの発明（電球）の拮抗の一幕が描き出されているのである。こうした語りの妙は本書、あるいはガルシアの著作の特徴のひとつである。そして、青春期の欲求不満というロマン主義的主題は、次の世紀に、「ロック歌手」たちによって引き継がれることになる。彼らは帯電する叫びを歌うために、その楽器にも電気を帯びさせる。こうして生み出された「エレキギター」は、当初、楽器として認められるのか否か議論もあったという。（ちなみに、すでに見た通り録音技術以後の音楽はガルシアの博士論文のテーマでもあった。この辺りの記述は、未刊のそれを垣間見させるものでもあるかも知れない。）

　第四章において重要なもうひとつの問題は、これら三つの形象の「強い＝激しい（生）」という形容詞的な経験が、以後、「強く＝激しく（生きる）」という副詞的な経験に転換するという問題である。これはガルシアにおいて――古典哲学の研究者によっても指摘されているそうだが（Cf. Frédérique

Ildefonse, *La naissance de la grammaire dans l'Antiquité grecque*, Vrin, 1997) ――「道徳」(morale) と「倫理」(éthique) の対に対応する。民主化される過程において、「強い＝激しい（生）」という形容詞的道徳は、「強く＝激しく（生きる）」という副詞的倫理に移行を余儀なくされる。後者では「内容」(道徳) ではなく「方法」(倫理) が問題になるのである。(なお、「強さ＝激しさ」の「延長」からの独立を描く第三章では名詞的問題から動詞的問題への移行が語られていた。こうした文法的な比喩は、ガルシアの思考法のひとつの特徴である。)

こうして、「道徳の理想」(第四章) から「倫理の理想」(第五章) へと本書全体が折り返されることになる――「目次」を見れば明らかな通り、以後は本書の前半のそれを反転させる仕方でタイトルが付けられることになる。第五章において問題になるのは、もはや、「放蕩者」や「ロマン主義者」、「ロック歌手」の「強い＝激しい生」ではなく、平凡な「私たち」が「強く＝激しく生きる」ための「方法」なのである。議論のレベルが一段階上がると言ってしまってもいいかも知れない。そして、そこで問題になるのは三つの――ここでもまた「三つ」の――「策略」である。すなわち、「変異」、「加速」そしてガルシアが「初体験信仰」(primavérisme) と呼ぶものである。そして、それらの「策」を弄する主体は、第四章の「強い＝激しい人間」(homme intense) に変わり、「強度的な人間」(homme intensif) と呼ばれることになる。

まず、ひとつめの「強度」は「変異」によってもたらされる。そこでは、あらゆる経験の「抑揚」に着目することが求められる。モデルとして取り上げられるのは「音楽」で、美学者ベルナール・セーヴの音楽論 (Bernard Sève, *L'Altération musicale. Ou ce que la musique apprend au philosophe*, Seuil, 2002) を引きつつ、ガルシアは「音楽」においては同じ音の「反復」であれそこには「差異」があり、新しさがあるとする。もはや「英雄」ではない民主化された私たちの「強度的な生」は、こうした諸経験の細部に着目することで「強さ＝激しさ」を維持する。

続く「加速」も分かりやすい事例である。近代化において、社会はあらゆる面で「加速」している。これは技術的にもそうであるし、これを批判する「古い左翼」にせよ、肯定的な側面を強調する「加速主義」にせよ、現代の社会はこうした「加速」の「強度」に支えられているのである。「未来主義」をはじめとするアヴァンギャルドの欲望も、技術的な「シンギュラリティ」が垣間見せる約束も、こうした「加速」の「強度」に関係するものなのである。この文脈でガルシアが「薬物中毒」の問題に触れているのも興味深い。「加速」自体がひとつの「中毒」という言い方もなされているが、摂取量を増加＝加速することによってしか快楽（＝強度）を維持できない「薬物中毒者」は、こうした面での「強度的な生」を具現する新しい——しかし英雄的ではなく日常的な——形象なのである。

そして最後の「策略」が「初体験信仰」で、これはガルシアの「新語」である。しかし、言わんとしていることは容易に理解できるもので、「第一回目」の経験に価値を、そして「強度」を見出すものの考え方や「美学」がこれに関わるとされる。最初の「キス」を思い出すポップ歌手、少女の内に堕落の可能性を見て楽しむ放蕩者、さらには対象を広げ「幼少期」や「原始的アート」などに価値を見いだす「美学」もこれに含まれるとされる。「変異」や「加速」にはその性質上「限度」があるのに対し、「第一回目」の「強度」は決して失われることはないという意味において、他のふたつの「策略」とは少し区別されるものである。

第五章の話の軸は以上の通りであるが、この三つの「策略」を説明する前後で興味深い議論がなされている。まず、第五章の冒頭において、副詞化され、民主化された「強さ＝激しさ」の「倫理」における特権的な「敵」が特定されている。すなわち、「ブルジョワ」である。「強度的な生」は「放蕩者」や「ロマン主義者」、「ロック歌手」のような仕方では「強く＝激しく」ない。しかし、「強く＝激しく」その「平凡な生」を生きるという意味において「強度的」なのである。それゆえ、「普通に普通の生」を送る者こそがその戦うべき相手、すなわち「敵」であるとされる。そしてそれが「ブルジョワ」によって具現されるものなのである。第一章においてサロンのスペクタクルに熱狂していた「ブルジョワジー」たちは、ここでは、「ブルジョワ！」として蔑まれる対象になる。先に述べた三つの「策略」は、もはや英雄ではない「平凡」な私たちが、しかし、「ブルジョワ化」しないための「戦略」でもあるのである。

これに対し、第五章の末尾では「強度的な生」が、不可避的に、その「内的崩壊」を運命づけられているという話がなされる。とりわけ「変異」や「加速」に関してであると思われるが、「強く＝激しく」生きることは、最終的には、その逆の道に転がり落ちることになるのである。すなわち、社会の「疲弊」や個人の「鬱病」、「燃え尽き症候群」(burn-out) という仕方で。つまり、「強く＝激しく」生きようとすればするほど、個人は、そして社会は、それに耐えられなくなるポイントを迎え、反対に「強さ＝激しさ」を失うことになるのである。こうした「逆説」――「強さ＝激しさ」は求めれば求めるほど失われるという「逆説」――をいかに考えることができるのか。「電気」の輝かしさがただただ印象的であった本書前半部に対し、後半部では「強さ＝激しさ」の「逆説」をめぐるより抽象的な、メタ的な、議論が展開されることになる。すなわち、「強さ＝激しさ」をめぐる「倫理」とはつまるところ何なのか、という問いに向って。

続く第六章「反対の概念」においてまず問題になるのは、客観的な「強さ＝激しさ」と主観的なそれとの区別である。客観的な「強さ＝激しさ」（例えば空の青さ）は量化可能で合理的なものであるが、それは「知覚」を通して主観的な「強さ＝激しさ」（青いという「色」）になる。「空の青さ」という「強さ＝激しさ」を感じる「感情」の「強さ＝激しさ」が問題となるのである。つまり、「強さ＝激しさの強さ＝激しさ」が問題になるのである。このとき、主観的な「強さ＝激しさ」は、いわば、客観的なそれを「保持」するための支えであるという言い方もなされている。そして、そのための三つの「策略」が前章でみた「変異」、「加速」、「初体験信仰」であるが、第六章では、これらが破綻する様子が詳細に分析される。すなわち、「ルーチーン」の効果によって。

前章に続き、「変異」のモデルとなるのは「音楽」である。ここでは「変拍子」やリズムの不規則を含む「即興」や「現代音楽」の例が取り上げられるが、ここでの要点は、こうした「変異」を続ける「音楽」に対し、私たちがじきに慣れてしまうということである。つまり、「変異」することそれ自体が「予期可能」で平凡なものとなってしまうのである。これを回避するために、「音楽」はむしろ普通の「拍子」や「リズム」を取り戻したりもするが、いずれにせよ、「ルーチーン」の効果によって、「強さ＝激しさ」のひとつの「策略」であった「変異」それ自体が、私たちを驚かさなくなり、不可避的に「強さ＝激しさ」を失ってしまうことになるのである。

こうした限界は「加速」にもある。「変異」がもはや新しさをもたらさないとすれば、同じものを「加速」し、あるいは深めなければならない。「進歩」が必要になる。しかし、あらゆる「進歩」には代償がある。「未来」の繁栄のために「過去」を犠牲にしなければならないという代償である。これはヘルダーの文明史観などにもみられるものとガルシアは言うが、こうした「代償」を考えると、「今日」の車は「昨日」のそれよりは速いが、「明日」の車と比べると遅いことが予想され、残念なものになってしまう。それゆえ、「加速」の、そして「進歩」の性質上、その「強さ＝激しさ」は追い求め続けなければ維持されず、そして維持したとしても、「過去」のものの「強さ＝激しさ」は不可避的に失われてしまうものなのである。これもまた、「加速」に対する「ルーチーン」の働きかけである。そして、「明日」の速度のために「昨日」のそれを犠牲にする「加速」のこうした帰結によって失われるのは「第一回目」の「強さ＝激しさ」でもあろう。それでは、第三の策略「初体験信仰」はどうなってしまうのか。

「初体験信仰」にとっての「ルーチーン」は少し複雑なものである。「第一回目」はすぐに失われ、同じ「音楽」を聴くのは「二度目」、「三度目」になる。しかし、「初めて二度目に」、「初めて三度目に」その「音楽」を聴くという意味においては、それは常に「第一回目」の経験なのである。こうした意味において、「初体験信仰」は「ルーチーン」と共生し得るものである。少し視野を広げれば、「ポストモダン」というのは「近代」に対し「初めて、［…］何であれ初めて感じることはもはやできず、すべてを二度目に完遂させなければならないという不可能性を認めた」人類史的経験であるとされる。しかし、このルーチーン的な「強さ＝激しさ」の探求としての「初体験信仰」も、いずれはその経験を弱体化させることになる。すなわち、「第一回目」が「反復」され「倍化」されることによって「強さ＝激しさ」は「鈍化」することになるからである。

「変異」や「加速」はいずれ「強さ＝激しさ」を維持できなくなりそれを失うことになるが、「初体験信仰」はそれを維持することによって、「強さ＝激しさ」を「鈍化」させてしまう。三つの「策略」が辿る運命は幾分か異なるが、しかし、「強さ＝激しさ」を維持するための「策略」がすべて、結果的には、「強さ＝激しさ」の喪失に結びつくという「逆説」は共有されている。先にみた第五章では、「強い＝激しい生」がいずれは「鬱病」や「燃え尽き症候群」といった「内的な崩壊」につながるという意味での「逆説」が語られたが、本章では、「強さ＝激しさ」がそれ自体喪失される運命にあるという、いわば、「強さ＝激しさ」の存在論が分析されていることになる。そしていずれにせよ、近代の「強さ＝激しさ」は失われることが運命づけられているとすれば、求めるべきはまさに、その「近代」というものそのものの外部ということになろう。つまり、「近代以前」ないしは「近代以後」の「思考」に向って。

こうして第七章で論じられるのが「近代以前」の「英知」や「救済」なのであるが、それらが分析される前に、非常に重要な「提案」がなされる。それは「思考」(penser) という動詞の導入、ないしは再解釈である。英語の think に相当するこの動詞はごく日常的なそれであり、本書でも幾度となく使われてきたものである。しかしこれをガルシアは、少し独自のニュアンスを加えて使用することを宣言する。すなわち、「思考」は「平等で、上も下もなく、欠如も過剰もない状態」を表象する営みであり、「強さ＝激しさを基準とせず、あらゆる事物の平等な特性をその原則とする生きる有機体の部分」に関わるものとされるのである。「思考」は、「生きる有機体がすべての事物を——いいものも悪いものも、美しいものも醜いものも、実在するものも実在しないものも——明瞭に考える操作」に相当するのである。つまり、「強い＝激しい生」が「より多いより少ない」を対象とするのに対し、「平等な思考」は、文字通り「平等」に、「強さ＝激しさ」なき「より多いより少ない」なき表象＝世界をその対象とし、そこにおいてはすべての物が等しく「存在論的尊厳」を有しているとされるのである。

「強い＝激しい生」対「平等な思考」（あるいは「強化＝激化」対「平等化」）という二項対立は、以後、本書の議論の要となるものなので、まずは深く考えず、ガルシアの哲学においてはそういうものなのだと理解し、その先を読み進めればよいかと思う。（なお、この二項対立は、本稿第三節でみるように、『形式と対象』の――文字通りそのタイトルが示すような――二項対立的思考と密接に結びついている。）

こうしたパースペクティヴで見ると、近代の「強い＝激しい人間」そして「強度的な人間」が行ってきたことは、「平等な思考」を「強い＝激しい生」に従属させることであった。つまり、後者が前者にもたらしたものが問題になっていたのである。しかし反対に、前者が後者に、「平等化」が「強化＝激化」に働きかけるということはないのだろうか。こうした文脈で考察されるのが前近代的な「英知」そして「救済」である。

まず、「英知」において問題になるのは「普遍的な強さ＝激しさ」である。これは仏教の「輪廻転生」の流れなどにおいて表象されるものである。古代においては「大河」が、近代においては「電流」がこうした「生成」のイメージとして役立ってきたが、「前近代」の「英知」においては、こうした単一の「奔流」があらゆる「強さ＝激しさ」を「取り消す」ことになる。ゴータマ・シッダールタの「修行」は、こうした普遍的生成に身を委ねるために、生のあらゆる「強さ＝激しさ」を無化する営みと考えられる。こうした目的は仏教以外の宗教・精神的営みにおいても共有されるものであり、そこでは「強さ＝激しさ」の増加をその目的とする近代の倫理とは反対に、「強さ＝激しさ」を抑え、平坦な世界を目指す倫理が説かれていたのである。

それでは「救済」はどうか。ここで問題になるのは「キリスト教」や「イスラム教」における「楽園」の表象である。「英知」が「強さ＝激しさ」の「取り消し」を目指していたのに対し、「救済」は「変容」によって「強さ＝激しさ」から解放されるヴィジョンを描く。あるいは、「英知」が「強さ＝激しさ」の「最小化」を目指すとすれば、「救済」はその「最大化」を目指すとされる。具体的には、イスラム教の楽園ではあらゆる欲求が満たされることで最大限の「強さ＝激しさ」が実現されるとされ、キリスト教の楽園では、最大限の「強さ＝激しさ」の実現により、人々の足かせとなる現世の欲望や「強さ＝激しさ」からの解放にアクセントが置かれるとされる。

仏教に代表される「英知」、そしてイスラム教やキリスト教による「救済」は、近代の「電気的な倫理」が生まれる前は人々の支えとなるものであった。電気的な「強い＝激しい人間」はこうした近代以前の知を軽蔑したが、「強さ＝激しさ」の論理が破綻したいま、こうしたいにしえの知がふたたび見直されることになるのである。日常的な例であれば、今日の世界的な「ヨガ」の流行などはこれをよく表しているのではないだろうか。そしてこれは、本章六章冒頭で説明されていた通り、「平等な思考」を「強い＝激しい生」に課すことであり、近代の倫理とは別の方向の営みであるとされるのである。

こうして私たちは（第七章の副題に刻まれる）「鋏《はさみ》」にとらわれることになる。「生の諸価値に思考を従属させることによって自らを方向づけるか、思考の諸価値にこの生を従属させるとことによってその実存を導くか」、すなわち、近代の倫理に身を委ねるか、前近代の「英知」や「救済」を選択するか。いずれにせよ、「強さ＝激しさ」は失われることが運命づけられている。かくして私たちは、近代と前近代のふたつの「倫理」のあいだで「行き詰まり」にいたってしまうように思われるのである。

こうした倫理的「ジレンマ」を抱えたまま、しかし、最終章は全く別の主題に向かう。すなわち、今度は「ロボット」の話である。近代の倫理が破綻した後で（第五章・第六章）、「近代以前」の倫理に向かうのが第七章であったとすれば、第八章は「近代以後」のヴィジョンを模索することになる。かくしてここでは近代の人間の「強さ＝激しさ」が非人間的な「ロボット」に託され、本書前半で分析された「電気の約束」は、今度は「電子の約束」として私たちの前に姿を見せることになるのである。

チャペックの戯曲において、ディックのSF小説において、あるいはその映画化において、手塚の漫画において、いくつかのテレビドラマにおいて、数十年にわたり私たちは「ロボット」を描き続けてきた。ガルシアによれば、これは「強さ＝激しさ」を消尽させてしまった近代の人間がそれを自らの被造物に託す身振りだという。つまり、私たち自身が保持することができなくなった生の「強さ＝激しさ」を、欲望を、感情を、恋愛の興奮を、私たちの代わりに引き継ぐのが「ロボット」たちなのである。こうして、韓国のソウルで披露された女性型ロボットEveRは、三世紀前にドイツのサロンで公開された「電気のヴィーナス」に代わり、電気をめぐる新しい私たちの欲望に応えるものとなる。かつて「人間」の内に「電気」が走るのを見た私たちは、今度は、「電気」的な存在のうちに「人間性」を垣間見るのである。

こうした反転は別の仕方でも言うことができる。すなわち、近代の「電気」（électrique）の時代は終わり、現代の「電子」（électronique）の時代が始まったと。このとき、「電気」はそれ自体が「目的」ではなくなり、「情報」を伝達する「手段」とされる。「電気」が「より強く＝激しく」あることを求めるのに対し、「電子」においてはその電気量が少なければ少ないほど便利で、経済的でさえあるとされる。「テレビ」の先駆けとなる、セレンの特性を生かした「テレスコープ」や「テレクトロスコープ」はこうした伝達の、「電子」の特性に依拠するものである。そしてこのとき、「電気」は「強さ＝激しさ」（intensité）ではなく、（デカルトやカント、ヘーゲルら古典主義期においてはその反対物であった）「延長」（extension）としてその姿を現すことになる。例えば、「情報」は文字通り「二進数」の「ビット」をその尺度とするものである。「電子」としての「電気」は、量化可能なもの、数値化可能なもの、比較可能なもの、つまり延長的なもの（extensif）として扱われるのである。

そしてここで興味深いのは、ガルシアにおいて、こうした延長的な「情報」としての「電子」の約束が、前章でみた「英知」や「救済」の問題と結びつくことである。すなわち、「思考」を「生」に従属させる近代の「強い＝激しい生」に対し、「生」に「思考」を課すのが前近代の「英知」や「救済」であったのであるが、「電子」の約束は、いわば、それらと同様に「思考」を「生」に課す「近代以後」の倫理に道を開くものであるのである。簡単に整理すれば、それぞれの時代において、近代の「強さ＝激しさ」は、古典主義期の「延長」（第二章、第三章）と、前近代の「英知」と「救済」（第七章）と、そして「電子」の約束（第八章）と、対置されるものなのである。

それゆえ、「電子」の約束は私たちを挟む「倫理の鋏《はさみ》」（第七章）から私たちを解放するものではない。問題は、依然として、「強い＝激しい生」（強化＝激化）と「平等な思考」（平等化）のあいだでいかに倫理的であるか、に関わっている。この辺りの議論は抽象的で論旨を追うのに少し骨が折れるかもしれないが、簡単に言えば、私たちは「生きる限りにおいては強く＝激しいが、思考する限りにおいては平等である」という二面性を抱えているということに尽きる。それゆえ、そのどちらかだけ選び、「思考」を「生」に還元したり、反対に「生」を「思考」に還元したりするべきではない、というのがガルシアの主張である。より具体的には、「生」と「思考」のあいだで「抵抗」するのが「倫理」である、というのがガルシアによる「倫理」なのである。この過程で、「生」と「思考」を区別するのは「思考」であり「生」は両者を区別することがない、というような細かい話もあるにはあるのだが、まずは、「生」と「思考」のあいだで「抵抗」するのが「倫理」である、ということを理解すれば十分だろう。

「強い＝激しい生」に身を委ねることも、「生」に「思考」を課すことも、いずれも選択しないこと。この両者のあいだでバランスを保つことを、ガルシアは「幸運」（chance）と呼ぶ。実を言うとこの用語は『形式と対象』のラストにも出てくるものでもあり、ここではそのすべての含意を説明することは出来ないが、「生きている」という実感を失うことなく、同時に「思考」と「生」を区別し、両者のあいだの「狭い道」を歩み、「抵抗」することとして定義される「倫理」のあり方が、ひと言、「幸運」という言葉で示されていると理解すれば十分であろう。

それゆえ、最後に要約すれば、ガルシアの倫理とは、「強い＝激しい」近代の倫理と前近代的な「平等な思考」の倫理の後で、その両者のあいだでバランスを保つこと、「どちらの肩も持たない」(renvoi dos à dos) ことなのである。

後半、幾分か抽象的な議論が続いたが、しかし、少し冷静になれば、これは誰もが多かれ少なかれ実践していることではあるかも知れない。そう考えると、少し、拍子抜けしてしまうような気もしなくはないが、しかし、ガルシアが言いたいのは、まさに、倫理とはそうした何か「突飛なもの」、すなわち「強い＝激しいもの」ではないということに尽きるのかも知れない。末尾近くの「私たちの倫理的特性は、それよりももっとずっと繊細なものと考えられている」、「生の力は非常に繊細なものである」という文言は印象的である。繊細＝デリケートなものとしての生の倫理。

そして、それを説明するために近代の「強い＝激しい人間」の興亡を生き生きと描き出し、そこから独自の形而上学をかませ、「強い＝激しい生」と「平等な思考」という二項対立を導き出した上で、最後、それを新しい倫理的なあり方に落とし込むというガルシアのその話の運びが、その語りが、ただひと言「鮮やか」と言うほかないものなのである。

(なお、本書をここまで読み、比較的最近に日本語で書かれたある著作を思い出している読者も多いかもしれない。本書とほぼ同時代に書かれたと言えよう千葉雅也『動きすぎてはいけない　ジル・ドゥルーズと生成変化の哲学』(河出書房新社、二〇一三年)である。「激しい生」と「平等な思考」のあいだで「抵抗」することを提案するガルシアの「逆説的保守主義」は、少なくとも部分的には、千葉の取り出した「動きすぎてはいけない」というテーゼと響き合うものがあるように思われるのである。とりわけドラッグの問題が取り上げられる「序」の第四節「日常に潜在する差異の狂騒」を、是非、本書とともに読み直していただきたい。両者がともにメイヤスーの影響下にあり、あるいは小説を書いていることも興味深い。なお、ガルシアは本書・第三章でドゥルーズに触れているわけだが、ドゥルーズに関して言えば、千葉の方が格段に深い読解を展開していることは言うまでもない。)

第三節　方法叙説

以上、前節では本書『激しい生』の内容を簡単に振り返ってきた。本節では、その延長線上で、ガルシアにおいて「強さ＝激しさ」(intensité)の問題がどのような地平を切り開くのか、いくつかの著作を手掛かりに考えてみることにしたい。

まずは本書と近しいテクストから見ていくことにしよう。取り上げたいのは『激しい生』の翌年(二〇一七年)に書かれた論文「美しい対象は小さい」であり、初出は「反啓蒙主義」を特集する『哲学マガジン』である(« Les beaux objets sont petits », dans *Philosophie Magazine*, hors-série n° 33, « Les anti-Lumières », Avril 2017)。現在では評論集『カレイドスコープ』第一巻(二〇一八年)に再録されており、タイトルは「初体験信仰者の肖像」と改められている(« Portrait du primavériste », dans *Kaléidoscope*

I. Images et idées, Léo Scheer, 2018, p. 103-115)。言うまでもなく、これは本書第五章で考察された「強い＝激しい人間」の第三の「策略」に関わるものである。基本的には、本書で描かれた「初体験信仰」の「策略」とその「限界」がまとめられ、実際、本書と重複する文章も少なくはないのだが、このテクストにしか含まれていない論点が二、三あるのでそれを中心に見ていくことにしたい。なお、引用する際はページ数のみ記す。

まず、本稿は「反啓蒙主義」の特集のために書かれたテクストであり、それゆえ、十八世紀の思想に着目することで議論が開始される。すでに見た通りガルシアにはベンサム論もあるが、十八世紀というのがガルシアにおいて特権的な時代のひとつであることは改めて強調しておきたい。そしてこのテクストで取り上げられるのは、イギリス経験論の哲学者エドムンド・バークであり、とりわけ、その『崇高と美の観念の起源』（一七五七年）である。広く知られている通り、バークは本書で「美」と「崇高」という美学的対象を区別する。ガルシアが論じる限りで要約すると、「美」が小さいものであり、私たちが全容を把握できるものであるのに対し、「崇高」はとても大きいものであり、私たちがその一部分をしか知ることが出来ず、その大きさを前に自らの小ささを感じざるを得ないものである。この「崇高」という概念に再注目したことでバークの美学は「美」を重んずる啓蒙主義者に反するものであった、というのが同稿の出発点である。

その上で、ガルシアはバークの思想のふたつの側面に着目する。まず、こうしたバークの美学は自らよりも大きなものを希求するロマン主義を準備するものであった。これは本書第四章で扱われた「雷雨人間」としての「ロマン主義者」を考えればいいだろう。本書では「崇高」の問題は――「イントロダクション」で少しだけ触れられる以外は――直接的には扱われていないが、「内側の神経」を「（自然という）外側の神経」とリンクさせる「ロマン主義者」の形象は、遡れば、こうしたバークの美学に由来するものであるのである。

その一方で、ガルシアはバークの経験主義者としての側面に注意を促す。直接には書かれていないとしても、バークの思想が広く経験主義の哲学に由来するとすれば、次のような問題を考えないわけにはいかない。すなわち、「私が何かをよりよく知れば知るほど私はそれを感じなくなる」（一〇七ページ）という問題を。こうして同稿は「初体験信仰」の問題と接続されることになる。すなわち、経験主義の思想は経験によって知識が増すこと、経験の「反復」を大前提とするが、だとすれば、「第一回目の経験」は必然的に失われることになるのではないか、とガルシアは問う。

こうして本書で見たような「初体験信仰」の特徴やその限界が敷衍されるのであるが、最後に、ガルシアは面白い比較を行う（一一四ページ）。すなわち、「初体験信仰」が重視する「第一回目の経験」とはいわば「崇高」であり、それは私を大きく超えるものである。しかし、「第一回目の経験」から離れるにつれ、「ルーチーンの効果」によりそれがすり減らされるにつれ、最初の経験の「強さ＝激しさ」は減じられる。その結果、「第一回目」を「想起」するという新しい美的経験、「ノスタルジー」の経験が現れるのであるが、ガルシアによれば、このとき、「第一回目の経験」はもはや「崇高」ではなく、私が全容をとらえることができる、私よりも「小さな美」であるとされるのである。この定式はガルシア自身によるものと考えられるが、「初体験信仰」によって保持される独特な「強さ＝激しさ」の問題が、こうして、「崇高」と「美」の伝統的な対の上で書き直されるのは面白い。

それから、『激しい生』では直接なされていないもうひとつの身振りとして印象的なのは、「初体験信仰者」と「進歩の信奉者」との対比である。両者は「近代の人間」におけるふたつの「分身」とも言われているが、「初体験信仰者」が常に「始まり」に価値を置くのに対し、「進歩の信奉者」は常に「終わり」(進歩の結果)に価値を置くとされる。そして、ガルシアによれば、このふたつの形象は私たちの内に、「近代の人間」の内に共存するものとされ、この共存により新しい「美学的主体」が生まれたとされる。すなわち、「ノスタルジックな進歩主義者」(一一五ページ)である。私たちの内には、常に、「第一回目」の「崇高」から遠ざかる運動(進歩主義)と、それを失いつつも「美」の形で「想起」し続ける回顧的な運動(初体験信仰、ノスタルジー)がある、ということになろうか。

すでに見た通り、「初体験信仰」(primavérisme)は本書におけるガルシアの「新語」(néologisme)であり、おそらく、思い入れの強い論点だったのだろう。こうしてバークの崇高論をかませることで、一応はこの問題が語り尽くされたということになろうか。『激しい生』の読者としては、この「スピンオフ」まで押さえておけばまずは十分であろう。(なお、同稿におけるガルシアの議論は「ホラー映画」に関する言及があり、一部、仲山ひふみのテクストと重なり合っている。二〇一五年のブログ「哲学のホラー 思弁的実在論とその周辺」を参照されたい。なお、仲山のテクストでも一度「崇高」という術語が刻まれている。)

その上で、ここからは少し『激しい生』からは離れ、しかし、ガルシアにおける「強さ=激しさ」の問題を追ってみることにしたい。まずは本書の枠組みを準備したと考えられる主著『形式と対象』を取り上げることにしよう。具体的に取り上げたいのは、同書の第二巻「対象的に」の第十二章「価値」、その第一節「平坦な世界と変異する強さ=激しさ」(*Forme et objet. Un traité des choses*, PUF, 2011, p. 365-371)である。わずか数ページであるが、「強さ=激しさ」の問題と、『形式と対象』のふたつのアプローチとの関係が簡潔にまとめられる箇所でもある。まずはその冒頭をそのまま引く。

まずは平坦な世界〔monde plat〕を想像してみよう。つまり、価値のない世界を。それはいかなるものも他の物より美しいということがない世界。本当のことが間違っていること以上のものではない世界。虚構的なものや幻想的なもの、さらには矛盾するものが実際のものと同じ価値を持つ世界。悪いものが否定的でなく、世界から何も取り除くことがない世界。そこでは、それぞれの物が平等にある。これこそが、まさしく、私たちの第一巻が扱う形式的な世界〔monde formel〕である。この世界は可能であるばかりではなく、それこそが唯一の世界〔monde〕でさえある。これは私たちがそこに生きる対象と出来事の、交換可能で置換可能な対象の中の対象の、宇宙〔univers〕ではない。すなわち、それはそれぞれの物としての各人が唯一で平等な世界〔monde〕なのである。（三六五ページ）

ここでは、まず、同書の枠組みそれ自体が説明されている。著者は冒頭で「平坦な世界」、「価値のない世界」を思い浮かべるよう促すが、これは、書かれている通り、同書の第一巻「形式的な」で取り扱われる問題である（ガルシアの哲学は時折「平坦＝フラットな存在論」〈ontologie plate〉と称されるが、それは主に、この箇所の議論に関わるものである）。ここでは二点、重要なポイントがある。まず、「平坦な世界」あるいは「世界」そのものとガルシアが呼ぶものにおいては「物」が「平等」にあるとされる。これは、『激しい生』の読者であれば、この「平等」という言葉には何らかの反応を示すはずである。これは、古典主義期の「延長」や、前近代の「英知」や「救済」の「思考」の特徴であった。図式的に言えば、「強さ＝激しさ」と対置されるものが、『形式と対象』では、「世界」に関わることになる。そして、ふたつめの重要なポイントは、こうした「物」の「世界」が、「対象」や「出来事」の「宇宙」と対置されることである。同書第二巻「対象的に」がその対象とするのが、こうした「宇宙」なのである。ガルシアの形而上学においては「世界」が「形式的に」考察され、「宇宙」が「対象的に」分析される、と理解しておけばまずはよろしい。

そしてこれに続く箇所で、『激しい生』の読者にもなじみ深い文言がいくつか刻まれることになる。

> 価値のない平坦な世界は強さ＝激しさ〔intensité〕を欠いた世界である。いかなるものも、別の物と比べてより多くより少なく〔plus ou moins〕あることはなく、すべてが平等である。（三六五ページ）

まさしくここで、「(平坦な) 世界」は「強さ＝激しさ」を、すなわち「より多いより少ない」を欠いたものとされるのである。言い換えれば、「強さ＝激しさ」の問題は、形式的な「世界」と対置される対象的な「宇宙」の問題として、ガルシアには理解されているのである。少し後の個所では次のように続けられる。

> こうした強さ＝激しさはいかなる形式的な意味も持たない。いかなるものも、形式的には、別の物と比べてより美、より真、あるいはより善ということはない。なぜならそれぞれの物は形式的には唯一で平等なのだから。それゆえ強さ＝激しさの意味は、まさしく対象的である。（三六六ページ）

こうして「強さ＝激しさ」は「対象的」にアプローチされるべき問題と定義されるのであるが、これは、まさに、「真・善・美」といった「価値」の問題と関連するものでもある。少し後の個所では次のような定式化もなされている。「美、真、善は対象の内に包含される対象の性質ではない。それは、そこにはないにもかかわらず対象の内に見出される強さ＝激しさなのである」（三六九ページ）。あるいは、ここでもまた「強さ＝激しさ」（intensité）対「延長」（extension）といういつもの対が問題になる。「ある物の価値はその強さ＝激しさ〔intensité〕でありその延長〔extension〕ではない」（三七〇ページ）。『激しい生』の「イントロダクション」において、「美的な強さ＝激しさ」が問題になっていたことを覚えている読者もいるかも知れないが、この意味において、『激しい生』は『形式と対象』の「対象的に」のアプローチが歴史的に語り直されたヴァージョンと見なすことも出来そうである。かくして、『形式と対象』の続く箇所では次のように「価値」が定義される。

これこそが「価値」〔valeur〕と呼ばれるものである。美的であれ、経済的であれ、論理的であれ、倫理的であれ、功利的であれ、対象と出来事のあらゆる価値は、厳密な意味において、対象的である。というのも、それは物のなかの物に関わるのだから。つまり、それは対象〔objet〕であり、世界〔monde〕との関係における物〔chose〕ではないのである。（三六六ページ）

ここでは「対象」が「物のなかの物」（choses entre elles）と定義されていることにも注意を向けておこう。「対象的な宇宙」（『形式と対象』第二巻の主題）は「物」同士の関係（「対象」）が問題になる領域であり、「物」としては孤立しており、「世界」との関係だけが問題になる「物」（同書第一巻の主題）とは区別されるのである。細かい定義はそれこそ同書を丁寧に読み進めることによってしか得られないものであるが、ここでは最低限、ガルシアの形而上学が以下の二つの軸のあいだに位置づけられるものであることを理解すれば十分であろう。すなわち、「形式的な‐世界の‐物」と「対象的な‐宇宙の‐対象（物のなかの物）」という二つのラインのあいだに。そして、「強さ＝激しさ」は、「より多いより少ない」は、「価値」（真・善・美）は、後者の「対象的な‐宇宙の‐対象（物のなかの物）」にのみ関わる問題とされるのである。これに対し、「形式的な‐世界の‐物」は「平等」であり、性質上、「強さ＝激しさ」を欠いた領域とされる。

『形式と対象』のこの箇所では、この後、本来「対象的な‐世界の‐対象（物のなかの物）」の問題である「価値」が「形式的に」アプローチされるという誤謬により混乱を生んでいる云々という話になるのであるが、こうした問題はまた、改めて考察を行えればと思う。とにかく、ここでは、繰り返しになるが、ガルシアの形而上学においては「形式的な‐世界の‐物」と「対象的な‐宇宙の‐対象（物のなかの物）」のふたつのアプローチがあり、「強さ＝激しさ」は後者に関わる問題であり、この二項対立が幾分か「平等な思考」（平等化）と「強い＝激しい生」（強化＝激化）という『激しい生』の構図と似ている、ということが理解されればそれで十分かと思う。（一言だけ付け加えれば、デカルトの「延長」や「英知」、「救済」が「形式的な」アプローチだと言うわけでは必ずしもない。「物」を「平等」の地平に置くという意味において、図式的にみれば似ている、という程度に留めておくのがいいのではないかと思う。これに対し、「強さ＝激しさ」の探求は、まさしく、「対象的な」アプローチと言っていいだろう。『形式と対象』から『激しい生』へと思考が変換される際、「構図」や「図式」は保持されるが、そのまま重なり合うわけではなく、若干のズレは残るということであろうか。）

かくして、「強さ＝激しさ」対「延長」、「より多いより少ない」対「平等」といった『激しい生』の軸となる図式が『形式と対象』の二項対立的な思考法に基づくものであることをごく簡単にみてきたが、「強さ＝激しさ」という問題は、これとはまた別の仕方で、ガルシアの思考法に関わるものである。次に問題になるのは形而上学的というよりは論理学的な次元であり、ここでは「内包」（intension）と「外延」（extension）という対が問題になる。とりわけ、ここまでは（デカルト的な）「延長」と訳されていた extension が、ここでは、伝統的な論理学における「外延」という訳語を当てられていることに注意を促しておこう。

こうした問題が取り上げられるのは最新刊『可能なものの建築』においてであるが、対談相手のジャン＝マリ・デュランが『激しい生』を引き合いに出し、哲学をするガルシア自身の実存の「強さ＝激しさ」とは何かといったようなことを質問し、それに応える仕方でガルシアが自らの思考法の説明を始める。すでに述べた通り、『激しい生』の枠組みとは少し異なることを念頭に置きつつ、この箇所を読んでいきたい（*L'architecture du possible*, PUF, 2021, p. 50-59）。

ガルシアはこう始める。

> つまるところ、私は哲学において唯一のテクニックしか用いていません。いつも同じものです。それが私に強化＝激化の感覚をもたらすか？　疑わしいと思います。しかし、それは少なくとも諸概念を強化＝激化するという感覚は私に与えてくれます。（五〇ページ）

質問者の意図に反して、ガルシアの実存の「強化＝激化」といった問題は、すぐに、概念の「強化＝

激化」という問題に取って代わる。ここでは、「実存」の問題ではなく「方法」の問題がクローズアップされるのである。ガルシアはこれを説明する。

このテクニックは古代、中世、そして近代の論理学の根源的な違いのひとつの変形と一般化に由来するものです。それはある概念の「外延」〔extension〕と「内包」〔intension〕です。内包は、通常、ある概念の定義そのものです。例えば椅子について言えば、それは「ひとが座ることができる背もたれがある家具」です。この概念の外延はこの定義に呼応する諸対象の総体です。もちろん、ひとが外延を変異させれば内包も変異します。もし私が背もたれだけではなく複数の脚をもつ家具しか理解しなかったならば、私はその定義に何かを加えることになり、これを私は明確にします（私が椅子と呼ぶものは複数の脚を持たなければならない、と）。

私の思考の原理は内包〔intension〕を理解することです。つまりある種の強さ＝激しさ〔intensité〕としての、ある概念の定義を理解することです。つまり、ある力の変異を。ある概念で理解される諸対象の数が少なくなれば、それらの対象はより多くを共有することになり、その共同体はより豊かに、強く＝激しくなるのです。（五〇－五一ページ）

すでに述べた通り、ここで問題になるのはある概念の「内包」と「外延」の問題である。『デジタル大辞泉』による一般的な定義によれば、「内包」とは「概念に適用される事物に共通な性質の集合」（例：学者という概念の内包は「学問の研究者」）であり、「外延」とは「概念が適用される事物の集合」（例：惑星という概念の外延は水星・金星・地球・火星・木星・土星など）である。この論理学的な対を取り上げ、ガルシアは「内包」が変われば「外延」も変わるとし——ここが面白いポイントだが——「内包」（intension）をある概念の「強さ＝激しさ」（intensité）ととらえる。これは語源を踏まえた言葉遊びでもあるが、説得的なものでもある。

具体的な事例を見てみよう。ガルシアは「技術」という概念を取り上げる。

例えば、あなたは「技術」について話しますか？ いいでしょう。あなたは「技術」が単に人間性の属性であると決めます〔訳者：「技術」の「内包」の次元〕。私はベンジャミン・B・ベックの書物を開きます。彼は人間ではない動物の一定数の道具の形式を調査した動物学者です。シャカイハタオリドリの集団的な巣、チンパンジーの釣り竿、シジュウカラのくるみ割り、等々。あなたはこれについて何をするでしょう？ いつもこういった具合なのです。思考におけるこうしたテストを行えばひとは気づきます。その強さ＝激しさを保存するためにある概念の外延を限定することを望む者が循環論法に陥っており、彼らがこれをレトリックの力で隠していることに。ひとは彼らに人間的でない諸技術を示します。私たちの対話者は応えます。「いいでしょう、それは興味深い。しかしそれらは厳密に言えば技術ではないのです」と。なぜでしょうか？ なぜなら鳥たちは、チンパンジーたちは「メタツール」を使うことはないのだから……。それゆえ、彼らが「技術」と呼ぶのは単に人工物の使用だけではなく、ツールとメタツールの使用も、なのです。しかし、非人間的なメタツールも存在します。すると彼らはその思考を明確にします。「私たちは石器のメタツールについて、それゆえ石を使ったメタツールについて話しているのです。そして切られた石を使ったメタツールを。」私にはそれが少し疑わしく思われるのです。なぜそのような明確化をするのでしょうか？ ごく単純に、それが正確に人間の活動の産物に対応するために、です。まず、人間の活動が認められます。そこから性質が引き出されます。この固有の想定された性質から技術の定義が作られ、それから循環的に、人間が技術的な生物だと定義されるのです。こうしてひとは、技術を知っている〔connaître〕と考えるのです。これは客観的に、自然に基礎づけたいという希望のうちにある、私たちの種のそれ自体による再認〔reconnaissance〕の徴候でしかないのです。（五二－五三ページ）

ここで問題になるのは「技術」という概念の「内包＝強さ」にこだわるひとりの人間中心主義者である。彼は人間を「技術的な生物」と考えるために、「技術」という言葉の「内包」を「人間の技術」と限定するのである。そして語のこうした「内包＝強さ」に固執するために、「人間以外の動物の技術」というものを決して認めようとしない。簡単に整理すれば、「技術」という語の「外延」を「人間以外の動物の技術」にまで広げると、この語の「強さ＝内包」は弱まってしまうのである。言い換えれば、「技術」と言えば「人間の技術」であったときに比べ、より多くのものを「包含」しなければならなくなるために、「技術」という語がぼやけてしまうということになろうか。

語のこうした「内包＝強さ」に固執することがひとつの「愚かさ」であるとすれば、語の「外延」を広げすぎるのもまたもうひとつの「愚かさ」である。ガルシアは説明する。

しかし反対の運動にも抗さなければなりません。これによれば、もはやいかなる基礎も持たない概念は終わりなく、習慣のままに、広がることができるように思われるのです。何が「芸術」と呼ばれるか？　お望みのものが！　では誰が知覚するのか？　誰が思考するのか？　単に人間だけではなく、他の動物たちも。木たちも！　植物たちも！　誰にわかるだろう？　ヘッケルが考えたように結晶たちは？　実際、すべては選ばれる定義によるのです。

しかし、ある概念の定義があまりにも広げられすぎるとその概念はだめになってしまいます。そのくらい単純な話なのです。寛容に「すべては思考する、すべてに魂がある！」と主張すると、あらゆる事物について魂の思考ないしは観念が混同され、その強さ＝激しさは失われるのです。つまり、それにあまりに多くの差異を包含させてしまうと、魂を持つものと持たないものとのあいだにある、思考するものと思考しないものとのあいだにある外的な差異に対し、その内的な差異の数々が非常に大きなものになってしまうのです。そのとき、実質的に、それはだめになってしまうのです。（五四ページ）

語の「内包＝強さ」に固執するとある種の保守主義者、中心主義者になることを先にみたが、ここでは、語の「外延」を望むままに広げると、語の「内包」が「包含」しなければならない差異が大きくなりすぎ、その語の「強さ」は失われ、概念としてだめになってしまうということが語られている。先の「技術」という概念に戻って考えてみると、従来「人間の技術」を指していたこの語の「外延」を広げ、「（一部の）動物の技術」の可能性を考えることは興味深いことかも知れない。しかし、何かの間違いで「植物の技術」だとか「結晶の技術」だとかを考えてしまうと、そもそも「技術」という語が「内包」しなければならない内容があまりにも広がってしまい、その語は意味を持たなくなり、概念としてだめになってしまうのである。つまり、「人間の技術」という「内包＝強さ」に固執すれば「外延」を広げ「動物の技術」を考える可能性がなくなる。しかし、「植物の技術」だの「結晶の技術」だの、「外延」をあらゆるものに適用してしまうと、それが「内包」する意味は希薄なものになってしまう、概念は壊れてしまうのである。

ガルシアが関心を寄せるのはこうした「内包＝強さ」と「外延」の力学である。ガルシアはこうまとめる。

だめになるほどの外延＝拡張と偽の基礎づけ〔訳者：内包への固執〕とのあいだで、ひとが力学的にある概念の強さ＝激しさと外延を変異させることができる空間が開かれます。概念はそのように変異する限り、価値を持つのです。（五四－五五ページ）

ガルシアの思考法が周到なのはこのふたつの極の「あいだ」という領域を常に意識していることであろう。あらゆることに対し、「脱中心化」を試みるのがガルシアの哲学の基本スタンスと言えるが、この運動により概念の「外延」が広がりすぎ、それが破綻するポイントがあることにも常に意識的なのである。「内包＝強さ」と「外延」のあいだで、言い換えれば求心的なエネルギーと遠心的なエネルギーのあいだで、思考を展開し、「概念」を「テスト」するというのが彼の「方法」と言うことになる。

こうした「内包＝強さ」と「外延」の力学をめぐる思考法として一例だけ挙げよう。ここでは『激しい生』の姉妹編『私たち』の一節「外延と強さ＝激しさの力学」を取り上げる（*Nous*, Grasset, 2016, p. 212-216）。ここで「テスト」される概念は、まさしく、「私たち」という政治的主体である。ガルシアは次のように「外延」と「強さ＝激しさ」の対を語る。

> 現実主義的な思考は、私たちというもののあらゆる外延〔extension〕のために支払うべき対価を固定します。拡張するアイデンティティは、その内において脆弱なものになり、分割や分裂のリスクを複数化します。しかし同時に、それはその外的な形式を弱らせもするのです。これは、私たちが対置されるもの、私たちの敵によってそれにもたらされるものなのです。私たちは、より拡張していない方がより強いのです。なぜなら、私たちのあいだで可能な分割がより少ないことになるのですから。私たちがそうでないものに抗して、私たちは総動員させられるのですから。これは広大なもので、私たちに、はっきりと、私たちを区別することを可能にするのです。敵に対する内的な結びつきと、外的な区別のこうした関係を、私たちというものの強さ＝激しさ〔intensité〕と呼ぶことにしましょう。私たちの強さ＝激しさとは、私たちのアイデンティティであり、これは同時に、自己の内的かつ外的な力なのです。私たちが私たちの内で分割されなくなればなるほど、私たちは他のものと区別されるようになり、より強く＝激しく私たちであるようになるのです。（二一三ページ）

「私たち」というものを考えてみよう。これは先に見た「概念」のように、内に何かを含みこむものである。ガルシアは「私たち」という語が表すものが広くなればなるほど、その「強さ＝激しさ」すなわち、「アイデンティティ」は弱まると言う。これはどういうことか。先に見た例に引き付けて言えば、「私たち」を「私たち人間」と理解することにしよう。そうすると「私たち人間」と「人間以外の動物」は区別されることになる。「私たち人間」という「アイデンティティ」は「強化＝激化」されるのである。しかしこのことによって、「私たち人間」と「人間以外の動物」の「類似」は無視されることになる。この「類似」を説明しようとすれば「私たち人間」という「内包」を「私たち動物」というそれに

「拡張」する必要があるが、そうすると、「私たち」の「アイデンティティ」は弱まってしまうのである。ガルシアは次のようにこの「力学」を語る。

いま、私たちというものの力学的拘束がはっきりと姿を見せます。すなわち、私たちというものは、拡張すればするほど強く＝激しくなくなるものであり、強く＝激しくなればなるほど拡張しなくなるものである、と。それゆえ、ある政治的な主体の力学の測定が問題になるとき、現実主義と理想主義は反対の機能の内に組み込まれるのです。拡散されることによって、主体は様々な私たちを和解させ、それらを統合します。こうしてそれは、「私たちを分離させるものを超えて」、私たちの敵対関係を規定するカテゴリーの数々を超えて、私たち皆がそうであるところのものを発見するのです。しかし、そうすることで、政治的主体は強さ＝激しさを失うのです。それは同時に内的に、そして外的に、弱体化します。その限界が譲歩するにいたるまで。その内側では、外延がそれに、余りにも多くの様々な実体をカバーするよう強いるのです。感じるすべてのものを「私たち」と呼ぶことができるとすれば、私たちは、感受性以外には何も共有していないことを認めなければならないでしょう。これはすでに大きなことですが、しかし、植物と動物のあいだの、あるいは中心的な神経システムを所有するものとそれを所有しないものとのあいだの、話す者と話さない者とのあいだの、諸差異を含むには十分ではないのです。これこそが動物の政治と同時代の環境保護の政治とが不可避的にぶつかる問題なのです。（二一四－二一五ページ）

ここではさらに、「私たち」というものが「人間」を超えて「動物」を超えて「拡張」され「感じるすべての存在」にまで広げられる。しかしこうすると、今度は「植物」と「動物」の差異が、「話すもの」（人間）と「話さないもの」（動物）の差異がひとつの概念の「内包」に含まれることになり、その概念の内に「分断」を生みだし、結局はその概念の「強さ＝激しさ」を失わせるのである。次のような「帝国」の比喩はわかりやすい。「あまりにも多くの征服の末に、私たちというものの広大な帝国は地域ごとに分断され、じきに敵対する陣地に分断され、内戦にいたることになるのです」（二一五ページ）。ある概念が「内包」への固執と「外延」の拡張による破綻のポイントとのあいだを揺動するように、「わたしたち」もまた、「アイデンティティ」の「強化」と「征服」による「内部分裂」という破綻のポイントのあいだを揺動するのである。

以上がガルシアの哲学の「方法」である。簡単にまとめ直しておこう。まず、『激しい生』や『形式と対象』で問題になるのは「強さ＝激しさ」（intensité）と「延長」（extension）の対である。これは古典主義の哲学にその着想を求めるものであったが、「形式」（≒「延長」）と「対象」（≒「強さ＝激しさ」）というふたつのアプローチに基づくガルシアの形而上学においても咀嚼され、吸収されているものであった。これと対応するが少し異なるのが、ガルシアによるある概念の「テスト」である。ここでは、「延長」（extension）という訳語は「外延」（extension）のそれに代わり、「強さ＝激しさ」（intensité）は「内包」（intension）の問題としてとらえられる。先の対が近代の「形而上学」に由来するそれであったのに対し、これは古代・中世以来の伝統的な「論理学」にその着想を求めるものである。『私たち』に代表されるように、ガルシアの「脱中心化」の思想は「内包＝強さ」への固執と、「外延」の拡張に伴う「内包＝強さ」の破綻とのあいだで揺動するひとつの「テスト」なのである。

こうして、「強さ＝激しさ」という問題がガルシアにおいて単に一冊の本の主題ではなく、その思考の、「方法」の、軸にある問題であることが理解できたかと思う。「延長」対「強さ＝激しさ」、「外延」対「内包」は厳密には区別されるべき「対」であるが、ガルシアがいずれをも「強さ＝激しさ」の問題ととらえているという限りにおいては、その方法論において、両者は通底するものでもあるのである。

結びに代えて

最後に、本書をめぐる二、三のことを書き留めておきたい。

まず、形式面について。すでに書いた通り本書は一般向けの書物であり、拙訳では文体も考慮に入れて「ですます調」を採用することにしたのであるが、そのためか、フランス語の原書では意図的に「注」が設けられていない。刊行を遅らせ詳細な補完を行うことも考えたが、すでに読まれた方はお分かりの通り、本書で参照される分野は極めて多岐にわたり、また、詩人の言葉などはわずか一言だけ引用されて列挙されるような場合も少なくなかったので、思い切って「訳注」は最小限にすることにした。なお、すでに触れた英訳では網羅的に「訳注」が付けられており参考になる。本書の制作の際にも重宝した。

次に、出版の経緯について。訳者は二〇一九年に「トリスタン・ガルシア紹介」と題される小文をウェブ上の媒体で発表したが、それをいち早く見つけて連絡を取って下さったのが担当編集者の松岡隆浩さんであった。あのカンタン・メイヤスーをいち早く刊行した慧眼である。ガルシアとメイヤスーとの関係を考慮しても、本書を人文書院から刊行できたのは有難いことであった。松岡さんは本書制作中も楽しんで読んでくださり、「ターナーの分析の批評眼が素晴らしい」とか「松浦寿輝氏の『表象と倒錯』を彷彿とさせる」等々、最初の読者として生き生きとした声を届けて下さり訳者を励まして下さった。なるほど、「一八八〇年代」にこだわる松浦と十八世紀や二十世紀初頭にアクセントを置くガルシアとでは歴史認識が多少異なるようにも思われるが、科学史をも含む諸言説を横断し「モデルニテ」の諸相を浮き彫りにするその手つきには似たところがあるかも知れない。訳者としては、松浦の最終講義「Murdering the Time　時間と近代」（『波打ち際に生きる』、羽鳥書店、二〇一三年）を参考までに挙げておく——このテクストで松浦は、ボードレールによる「阿片吸飲」を主題とする散文詩「二重の部屋」（『パリの憂鬱』所収）に触れ「近代」の神経症的な「時間」について論じているが、本書の第五章において、ガルシアはこのボードレールがフランスにおけるその翻訳者であったド・クインシーに触れつつ、近代の「薬物中毒」と「加速」の問題を論じていたことになる。本稿の第一節でガルシアの試みを「表象文化論」と形容してみたのはこうした松岡さんの声から着想を得たものでもある。幸福な「共作」であった。

それからもう一点。訳者にとって人文書院とはあの『サルトル全集』の出版社である。いわゆる「サルトル・ルネサンス」期の的確な再刊も経て、今日まで『家の馬鹿息子』を忍耐強く刊行し続けるあの人文書院から本書を刊行できたのは望外の喜びであった。もちろん違いは沢山あるし、本人も機会があるごとにその差異を強調しているが、それでも、哲学と文学の両輪で力強く浩瀚な書物を書き続けるガルシアの姿は、どこかで、あのサルトルを彷彿とさせるものがある。訳者は常々ガルシアはサルトルの「アップ・デート」をしていると考えてきたが、文字通り、人文書院の刊行リストに「新しい風」を吹かせることができたのは有難いことであった。これを機に、サルトルの著作も読み返すと新しい発見があるかも知れない。

最後に。これは訳者からの「お願い」である。とにかく「寡黙」な哲学者メイヤスーに対し、ガルシアは執筆の自由を「謳歌」する作家である。こうしてようやく最初の訳書を刊行するにいたったわけだが、目の前にはすでに、合計数千ページに及ぶ哲学書と小説作品の数々が山積みにされている。別にわたしが言うことでもないかも知れないが、是非、多くの訳者に「参戦」していただけると嬉しいと思っている。ガルシアの理論的著作は予備知識なしに単独で読んでも十分理解可能なものであるし、特に、小説作品は哲学的知識がなくても楽しく読めるものが多いと思う。本書や（少し長々と書いてしまった）本稿がそのための何らかの「きっかけ」や「手がかり」になれば、訳者としては嬉しい限りである。

ガルシアの「風の詩」（松浦寿輝）は、まだ、吹き始めたばかりである。

ナ　行

ハ　行

マ　行

ラ　行

人名索引

著者略歴

トリスタン・ガルシア（Tristan Garcia）

1981年生まれ。パリ高等師範学校でアラン・バディウやカンタン・メイヤスーらに哲学を学び、2008年にアミアン大学で博士号を取得。現在、リヨン第3大学准教授。現代フランスにおける気鋭の哲学者のひとり。著書に、*L'image* (2007)、*Forme et objet* (2011)、*Nous* (2016) など。詳しくは訳者解説を参照。

訳者略歴

栗脇永翔（くりわき　ひさと）

1988年生まれ。東京大学大学院総合文化研究科超域文化科学専攻博士課程単位取得満期退学。専門はフランス文学・思想。共訳書に、ジュリア・クリステヴァ『ボーヴォワール』（法政大学出版局、2018年）。

激しい生
——近代の強迫観念

二〇二一年九月二〇日　初版第一刷印刷
二〇二一年九月三〇日　初版第一刷発行

著　者　トリスタン・ガルシア
訳　者　栗脇永翔
発行者　渡辺博史
発行所　人文書院
〒六一二-八四四七
京都市伏見区竹田西内畑町九
電話〇七五・六〇三・一三四四
振替〇一〇〇〇-八-一一〇三
装　幀　間村俊一
印刷所　モリモト印刷株式会社

落丁・乱丁本は小社送料負担にてお取り替えいたします

ISBN978-4-409-03112-4 C1010

カンタン・メイヤスー著／千葉雅也、大橋完太郎、星野太訳

有限性の後で

偶然性の必然性についての試論

二四二〇円
（本体＋税10％）

「カンタン・メイヤスーの最初の一冊にして代表作である本書は、さほど長いものではないが、濃密に書かれた書物だ。アラン・バディウが序文で述べるように、これは一種の「証明」の試みに他ならない。何を証明するのか。ひとことで言えば、事物それ自体を思考する可能性があるということの証明である。カントの用語を使うならば、本書は、私たちを「物自体」へ向けて改めて旅立たせるものである、と紹介することもできるだろう。」（訳者解説より）